Leaves Publishing

根

以讀者爲其根本

莖

用生活來做支撐

葉

引發思考或功用

果

獲取效益或趣味

戀愛野蠻告白

邱諒◎著

紫薇CRAPE MYRTLE

戀愛野蠻告白

作　　者：邱諒
出 版 者：葉子出版股份有限公司
發 行 人：宋宏智
總 編 輯：賴筱彌
編輯部經理：劉筱燕
企劃編輯：王佩君
封面設計：呂慧美
地　　址：台北市新生南路三段88號7樓之3
電　　話：(02)23635748　　傳　真：(02)23660310
E-mail：leaves@ycrc.com.tw
網　　址：http://www.ycrc.com.tw
郵撥帳號：19735365　　戶　名：葉忠賢
印　　刷：鼎易印刷事業股份有限公司
法律顧問：北辰著作權事務所
初版一刷：2003年 11 月　　定　價：新台幣 200 元
I S B N：986-7609-03-4

總 經 銷：揚智文化事業股份有限公司
地　　址：台北市新生南路三段88號5樓之6
電　　話：(02)23660309
傳　　真：(02)23660310

戀愛野蠻告白／邱諒著. -- 臺北市 ： 葉子,
2003〔民92〕
面：　公分.
ISBN 986-7609-03-4（平裝）

1.戀愛

544.37　　92012378

※本書如有缺頁、破損、裝訂錯誤，請寄回更換

I 戀愛野蠻告白

關於愛情

邱諒

女生說：「戀愛就像重感冒，不下猛藥不會好」；男生說：「戀愛就如流鼻水，鈔票一張一張給」。

女生說：「愛情就像大鑽石，十克拉都不嫌小」；男生說：「愛情就像吞砒霜，越毒越強都吞光」。

女生說：「網戀就像讀瓊瑤，浪漫憧憬不飄渺」；男生說：「網戀就如看金庸，殺遍龍女稱英雄」。

女生說：「性愛就像喝咖啡，好友隨時來一杯」；男生說：「性愛就如吃披薩，大家輪流吃到炸」。

女生說：「結婚就像枝頭凰，人生美好莫徬徨」；男生說：「結婚就如公海馬，不吃不喝孵小孩」。

女生說：「婚姻就像萬世情，文藝電影可比擬」；男生說：「婚姻就如一夜情，我倆是否有明天」。

用天秤的兩端來衡量男女，是不公平的，男女生理結構的差異；情感認知的不同，共同建築了充滿異想的奇幻世界，這瑰麗的萬花筒，是多少紅男綠女用自己的生命色彩編織而成，從任一個角度來看它，所呈現的面貌是如此的詭變；如此的炫麗。

「紫薇」愛情書，就是從不同的方面來解讀愛情；詮釋浪漫，各種戀愛技巧包羅萬象，有野蠻哲學、溝通技巧；有男女平衡、戀愛心理；有愛情休閒、浪漫樂章；有愛意表達、情愛管理……等無所不包，就是從每個窗戶來偷窺愛情換衣服的姿態，是忸怩不安、含苞待放呢？還是情竇初開、雍容大方呢？總之，就是要滿足女生、男生的「愛情偷窺慾」，讓「紫薇」愛情書來代替羅曼蒂克的蠟燭與薰衣草的芳香精油，來填滿你空虛的愛情房間、溫暖你冰冷的戀愛體溫，當你孤枕難眠時，翻翻看看，心中的鬱壘，會隨著思緒的起伏而跟隨游離，這是一套好書，值得你再三品嚐。

〈序〉

戀愛野蠻告白

男人在愛情世界中要本著「流血流汗不流淚，掉皮掉肉不掉隊」的取捨原則，在愛情戰爭中衝鋒陷陣、廝殺一番；女人更是本著「獻諂獻媚不獻身，花錢花多不花痴」的辨證邏輯，在愛情叢林中尋幽探險、獵取一番。但是其結果都是要在愛情戰爭中取得相對性的勝利，成爲幸福號列車的駕駛，滿載著未來的希望及眾人的祝福朝著自己想要的地方而去。

在愛情中，雙方爲何發生爭吵、衝突甚至戰爭其實就是要讓對方聽「我」、屈服「我」的意志，讓「我」可以爲所欲爲的控制對方；將自己絕對化，忘了對方的存在。而其中的基本元素就是佔有、就是權力、就是控制，男女雙方都是想比對方多要一點控制對方的Power。掌握金錢、性愛以及對方的忠誠度，也就是性器官只允許我用的邏輯，但是掌握權力並不代表掌握愛情，愛情與權力並不是完全的畫上等號，是存在有辨證關係的，男女之間並不是只有戰爭而已，還有更多的溫存、情慾、感恩、互助的相對境界，所以《戀愛野蠻告白》提供紅塵男女在愛情的世界中如何對愛情的戰爭及男女之間的各種矛盾，提出一解決之道，並以外國的事例、社會當前的現象，提供給想擁有愛情或要搶救愛情的都會男女的參考聖典。

目錄

VI

戀愛野蠻告白

野蠻的開始

長安一片月，萬户搗衣聲，秋風吹不盡，總是玉關情，何日平胡虜，良人罷遠征。

秋歌．李白

戰爭與愛情這兩個歡喜冤家從遠古一直纏繞到現今，如把戰爭拿來跟愛情相做比較，兩人都只是獨立的個體，就像一盤永遠無法解決的殘棋；但把戰爭元素與愛情元素揉合在一起，你中有我、我中有你，從戰爭的觀點來研究愛情的本質，似乎能將愛情看的透徹，藉此把兩者的關係從一盤無解的死棋中，變成一齣天天上演的活喜劇，而愛情兵法則是讓都會男女在愛情的慘烈戰爭中可以尋求安身立命之道，甚至可以突圍而出成爲愛情的贏家，這是深藏每個人心中的潛意識願望，更是本書的最大目的。

在男女的愛情中，「戰爭」是一場永不停止的鬥爭，從相識、牽手、初戀、擁吻到結婚並從蜜月、成家、立業到白頭偕老，這是甜蜜愛情的理想過程，但如果在這過程中爆發戰爭、衝突，可能讓愛情結束、婚姻死亡；但從辯證的眼光來看卻更可能讓愛情昇華而加速到結婚階段。所謂辯證眼光，就是從多方面看同一事物的方法。退中有進、失中有成、死中有生、衰中有興，這其中之奧妙端視處理者愛情EQ的高低及愛情兵法的運用。愛情是一個活體，需要有兩個客體才有生命，而當愛情在「好」的方面發展時；「壞」的方面也悄然而至，而到臨界點時，物極必反；而相對的當愛情主軸往「壞」發展時；「好」也在旁邊默默站立著，「福禍相倚、共生共體」，「沒有絕對的愛情只有相對的幸福」。

所以在愛情世界中戰爭是無法避免的，就像魚不能離開水一般，缺乏戰爭滋潤的愛情，平淡無味，不知愛爲何物，但充滿戰爭的愛情，卻是危機四伏、四面楚歌。戰爭對愛情的關係就像是一把雙面刃，使之得當，妙用無窮；隨性玩之，害人害己。

舉凡在愛情中，雙方爲何發生爭吵、衝突甚至戰爭其實就是要讓對方聽「我」、屈服「我」的意志，讓「我」可以爲所欲爲的控制對方；將自己絕對化，忘了對方的存在。而其中的基本元素就是佔有；就是權力；就是控制。男女雙方都是想比對方多要一點控制對方的Power。掌握金錢、性愛以及對方的忠誠度，也就是性器官只允許我用的邏輯，但是掌握權力並不代表掌握愛情，愛情與權力並不是完全的劃上等號，是存在有辨證關係的，男女之間並不是只有戰爭而已，還有更多的溫存、情慾、感恩、互助的相對境界，所以本書提供紅塵男女在愛情的世界中如何對愛情的戰爭及男女之間的各種矛盾，提出一解決之道，並以外國的事例、社會當前的現象，提供給想擁有愛情或要搶救愛情的都會男女的參考聖典。

4
戀愛野蠻告白

戀愛啊！戀愛

安徒生所謂的愛情——老頭子總是不會錯

鄉村有一對清貧的老夫婦，有一天他們想把家中唯一值點錢的一匹馬拉到市場上去換點更有用的東西。老頭子牽著馬去趕集了，他先與人換得一條母牛，又用母牛去換了一頭羊，再用羊換來一隻肥鵝，又由鵝換了母雞，最後用母雞換了別人的一大袋爛蘋果。在每一次交換中，他倒真還是想給老伴一個驚喜。

當他扛著大袋子來一家小酒店歇氣時，遇上兩個英國人，閒聊中他談了自己趕場的經過，兩個英國人聽得哈哈大笑，說他回去準得挨老婆子一頓揍。老頭子堅稱絕對不會，英國人就用一袋金幣打賭，如果他回家未受老伴任何責罰，金幣就算輸給他了，三人於是一起回到老頭子家中。

老太婆見老頭子回來了，非常高興，又是給他擰毛巾擦臉又是端水解渴，聽老頭子講趕集的經過。他毫不隱瞞，全過程一一道來。每聽老頭子講到用一種東西換了另一種東西，她竟十分激動地予以肯定。「哦，我們有牛奶了」，「羊奶也同樣好喝」，「哦，鵝毛多漂亮！」，「哦，我們有雞蛋吃了！」諸如此類。最後聽到老頭子揹回一袋已開始腐爛的蘋果時，她同樣不慍不惱，大聲說：「我們今晚就可吃到蘋果餡餅了！」

不由摟起老頭子，深情地吻他的額頭。

其結果不用說，英國人就此輸掉了一袋金幣。

這篇童話故事，在網路上流傳甚久，發人深省的是「態度」。夫妻之間完全信任包容的態度，在現實生活是完全看不到的，如今的戀愛哲學是「野蠻」，誰較野蠻，就居上風，但事實如此嗎？本書給你一個意想不到答案！

現代男人守則

女友用膳時要隨侍在旁，舀湯盛飯；不得有先行用飯之行為。

戀人是同一人？

「主阿！感謝你沒把我造成女人。」

猶太男性的早晨祈禱詞

穩固的愛情取決於男女雙方的同一性，這種同一性在心理學上被稱爲相容性。大部分男女衝突重要原因就是缺乏「心靈上的一致」，重要的是生活目標的一致，有共同的價值觀念，有相應的文化水平。比如說，兩個極端自私的人未必能相容，他們自顧追求個人的特權，誰都想佔上風而不肯讓步，夫妻反目也就在所難免，氣度恢宏者與雞腸鳥肚者、滿腔熱忱者與陰鬱幽暗者結爲夫妻，日子也不會過得很順利。愛上一個不相容者是完全可能的，但是能使愛情地久天長的只有相容的夫妻。所以愛情的戰爭就充斥在你我周遭並有可能導致家庭危機。

有一個快被人們忘卻了的古老傳說。其中講到在很久很久以前，人完全不是現在這個樣子。當時世界上無男女之分，當然也沒有家庭問題和夫妻衝突及愛情戰爭。那時生活和繁衍的是兩性人。這種男女同體的人個個長相俊美，又聰慧又仁慈，而且都有回天之力。有一次主神宙斯發現了這些兩性人，生怕他們的力氣愈來愈大，有朝一日會威脅天上諸神的安全，宙斯便把這些大力士都劈成兩半，攪亂之後，撒到世界各個角落。

結果，從那遙遠的年代起，人出於本能一直在尋找自己的另一半，找呀找呀，有時要找上一輩子……，古希臘哲學大師蘇格拉底的三個弟子曾求教老師，怎樣才能找到理想的伴侶。蘇格拉底沒有直接回答，卻讓他們走麥田埂，只許前進，且僅給一次機會選摘一支最好最大的麥穗。

第一個弟子走幾步看見一支又大又漂亮的麥穗，高興地摘下了。但他繼續前進時，發現前面有許多比他摘的那支大，只得遺憾地走完了全程。第二個弟子吸取了教訓，每當他要摘時，總是提醒自己，後面還有更好的。當他快到終點時才發現，機會全錯過了。

第三個弟子吸取了前兩位的教訓，當他走到三分之一時，即分出大、中、小三類，再走三分之一時驗證是否正確，等到最後三分之一時，他選擇了屬於大類中的一支美麗的麥穗。雖說，這不一定是最大最美的那一穗，但他滿意地走完了全程。

這是先人智慧的展現，你呢？你選擇的美麗的麥穗是否經過如此奇妙的過程呢？

戀愛啊！戀愛

出於良心告訴你

一對青年男女，剛從結婚登記處領證回來，他們在路上交談著。男的得意地說：「親愛的，你真美！不過出於良心，現在我得告訴你，上次我領你來我家裡看的那套紅木家具，以及華麗的擺設，我都是向別人家借來的。」

女的說：「沒關係。出於良心，我現在也得如實告訴你，剛才登記證上寫的是我姐姐的名字。」

男的大吃一驚：「是上次在你家看到的那個令人討厭的醜八怪嗎？」

女：「千萬別再這樣稱呼她了，她現在是你的妻子啦！」

現代男人守則

女友妝扮時要快樂等候，衷心讚美；不得有不耐等候之行為。

男女三十六計【女人勝戰計】

第一計：戀情瞞天過海

「瞞天過海」的「天」是指皇帝，因爲古時候是稱皇帝做「天子」的。原意爲瞞著皇帝，讓他平穩渡海。「瞞天過海」用在愛情兵法上，女人所要瞞的「天」就是「男人」，把對付男人所有的計謀，隱藏在公開的行動中，以達到出奇不意的效果。

對付男人「瞞天過海」的情形很多，總而言之，可分爲幾個模式：

◇交往時的陽奉陰違

男女交往時，往往無法從一而終，都在紅男綠女的環境中，尋覓最佳的另一半，大多是騎驢找馬，所以在騎驢的過程中，如何敷衍驢子是一門極深的學問，表面上順從，每日替他梳毛清洗，暗地裡是希望他明天走的更快，讓你尋覓如意郎君。所以當前交往的「男友」就是一匹驢子，表面上對他順從，當一個溫柔的小貓，讓它背負你上天下海，這樣容易使男人失去警覺，為「過海」創造有利的契機。

◇分手時的假象製造

在騎驢找馬過程快結束，已有眞命天子出現時，這騎甚久的驢如何處之呢？就是抓住男人的弱點，如自大、驕傲、壞脾氣、沒錢……等，製造假象迷霧，形成分手裂痕，以假亂眞，而成分手之事實，從中牟利。甩開笨驢騎上駿馬。

「瞞天過海」的關鍵在於一個「瞞」字。瞞的過則大功告成，麻雀變鳳凰；瞞不過則弄巧成拙，一朵鮮花插在牛糞上。但是，「瞞」不是最終目的，而是「過海」的必要手段。要善於抓住「天（男人）」的弱點，最佳狀態是使他變成聾子和瞎子。但是手段過於激烈則會反彈而傷害自己，因為倔驢的後踢足以讓母老虎喪命的；所以溫柔的欺騙、善意的謊言就是愛情瞞天過海中最重要的因素了。

愛情迷惘的二十一世紀

結婚不是什麼「人生」大事，只是合法「生人」的一道手續而已。

就在二十一世紀的第一年，任誰也料想不到，坐在美國紐約世貿大樓辦公室中的都會男女竟然眼睜睜的看見七三七客機從玻璃帷幕中撞了進來，這不是電影場景，更不是意外，是美國遭受恐怖份子赤裸裸的攻擊，打破了所謂美國不被攻擊的神話，打破了二十一世紀是和平世紀的迷思。這就是二十一世紀的第一年，不安定的序幕從此揭開。

二十一世紀究竟是怎樣的愛情年代？無人可以預知！但是從二十世紀的軌跡循來，不難看出一些蛛絲端倪。男女之間從上古走到現在，男女之間的關係發展原是相當自由的，從我國《詩經》中純樸的男女之愛「關關鴡鳩，在河之洲；窈窕淑女，君子好逑」紅男綠女站在小溪兩側相互遙望，雙方發乎情、止乎禮，互以情歌來互訴情衷，延伸到的歐洲古典的浪漫故事中羅密歐與茱麗葉的堅貞殉情，傳統的愛情觀是含蓄的、謙讓的、溫潤的，且要合乎當時的社會規範，傳統社會組成的愛情觀是穩定並排斥其他方式，因爲既有的社會規範價值是相當穩固的，如有挑戰，必然被打成異端、巫術。所以演變至二十世紀，瓊瑤式的愛情，一夫一妻制的傳統價值觀，以愛情爲主產生的愛情關係爲社會的主流。

但在二十一世紀，短短的幾年內，發生近百年來前所未有的變化，這變化是如此的巨大，讓歷史的延續性常軌被撕裂了，變的停滯甚至是模糊了。愛情呢？傳統的含蓄溫潤，如同一壺熱茶娓娓砌來的中國式情愛，被麥當勞式的速食、激情代替，情慾交替、愛慾一體的愛情觀被以性慾爲主、愛情再談的偏狹慾望觀取代，交織成二十世紀末渾沌不明的愛戀世界，更成爲二十一世界新新人類的樣板。

男女之間的交往過程中，已經不再是爲結婚而交往了，「只在乎曾經擁有；不在乎天長地久」的概念成爲「一夜情」的口號，更成爲台灣獨特現象的標示。我國在歐美的影響下，「性（SEX）」開放了，但卻沒有解放。這兩件事情在歐美是一致演變的，「性」禁忌及壓抑在二十世紀初期女性主義興起之後，慢慢得到思想上的解放，人們不避諱談「性」，並開始研究「性」行爲，重新思考「性」在人類社會的定位及其價值；而隨著性解放而來的是性態度（行爲）的開放，歐美人士開始享受性的歡愉，尤其以美國越戰末期爲濫觴，嬉皮們對性態度的極致開放，性濫交、雜交成爲當時的共同價值。

我們接受了歐美性開放的態度卻未吸收性解放的思維，使現在「性」還是禁忌的言語，大家不願多談；但是性態度卻無比的開放，青少年做愛如排糞把它只當成發洩工具，色情行業如雨後春筍般冒出頭來，未婚生子的比例更是偏高，直接影響男女之間交往的態度，但女孩相對於男孩在性態度上還是相對保守許多，所以多數男孩是因性而愛，而女孩則因愛而性，兩者差異甚大。

男人啊！男人

男生好像特別有這種特質

熱戀的時候，男人抱著女人睡……女人說：「你抱得我太緊了，很熱啊！我快窒息了。」男人笑著說：「我喜歡抱著妳，否則我睡不著。」

當他們成為夫妻以後，有一天女人投訴：「你晚上睡覺都沒抱著我，這和我一個人睡有什麼分別。」

男人說：「抱在一起，大家都睡不好，難道妳不覺得嗎？」

某天，男人會突然在鬧市中把女人抱起，走長長的一段路。女人笑說：「你瘋了嗎？快把我放下來，讓人看到不好。」男人說：「怕什麼？我喜歡抱著妳。」若干年以後，女人在鬧市中向男人撒嬌：「抱我！」男人說：「妳是瘋了嗎？」

很難相信，當天抱妳和若干年之後不抱妳的，竟是同一個男人……

【註】結婚後，他抱妳，福氣啦！沒抱妳，正常啦！

現代男人守則

女友更衣時要幫忙選衣，閉嘴伺候；不得有冷嘲熱諷之行為。

男女三十六計【女人勝戰計】

第二計：愛情「圍魏救趙」

「圍魏救趙」主張對敵方避實就虛，善於抓住敵方的弱點，使敵人受到牽制，從而用最少的代價去取得最完滿的成功。

在此計中，「圍魏」是「救趙」的前提條件，不論是眞圍還是假圍，明圍還是暗圍，「圍魏」之後必須達到「救趙」的目的。當男女為了經濟問題大吵其架時，女的咄咄逼人，就是要降服男人奉獻更多的金錢，這時，男人可以將吵架焦點轉移，或是找到女方的新缺點（如濫花錢、不知節儉），而把自己賺錢窘迫的情況解除。

愛情「圍魏救趙」有幾種深層涵義：

◇避實擊虛

觀察水的流動可以知道水避開高處而流向低處，則一直前進；同樣道理，當要戰勝剛直、火爆、衝動、無大腦的男人時，就是避開它的正面衝擊，如他堅持的事情，就讓他，在讓他的過程中，獲得更大的利益。男人幾乎都想做大事、立大業、駕馭女人、玩弄一切，所以就讓男人去衝、去拼，然後自己在家只要妝扮的美美、睡個美容覺，男人拼回家後，虛以委蛇一番，其在外面「廝殺」的工資，就掉入了美麗女人的荷包，千萬不要直接去要，讓他給，滿足他莫名其妙的虛榮，當個美麗智慧的女人。

◇以迂爲直

在幾何學上，兩點之間的直線是最短的。但是在男女兵法之間，最直接的方式不一定最有效。太直接、太露骨，缺乏了男女之間朦朧的詩意，就像是「做愛」，如果只是脫了衣服就直接動作，那跟路邊的野狗交配有何差別。所以必須營造環境，例如，穿上一件薄如蟬翼的性感內衣，滿足男人的視覺享受；打開CD讓抒情音樂充滿整個房間，噴上香奈兒的香水，並將房間燈光調整到看不清楚對方，這樣的幻境，包準讓男人，流連忘返，再三繳械，而達控制男人的目的。

性愛轉換線

女友洗澡時要量好水溫，抓癢擦背；不得有貪圖私慾之行為。

當貞節牌坊及貞操帶在東西方出現，全世界男人都把女人視為「所有物」，想控制女人情慾的念頭如出一轍。日前曾把非洲女性割禮習俗（小女孩自五歲起即遭刀片割掉陰蒂、小陰唇及大部分大陰唇等性感帶的酷刑）披露在網頁上，並希望男士表達聲援之意，竟有男性網友表示「幹嘛去摧毀人家的文化習俗？！」在狹隘的偏狹文化觀及男性沙文主義作祟下這種可能致命的酷刑若被視為文化儀禮，那我們的傳統小腳不變成婦德了？

交歡的愉悅本是兩性共同努力的作品，尤其當一個男人從耐心探索女性身體進而感受彼此交融的情境，對女人言，感激何止溢於言表，雙方也才有建立情份的餘裕，愛性也好，性愛也好，已經不是孰輕孰重，而是合而為一的天人結合。

愛情戰爭的根源之一就是「性生活失調」，導致老婆和老公常發生爭吵或冷戰，其實慾求不滿的另一面不就是另種性騷擾嗎？總之，矯情的男女先認眞面對自己的情慾權，正視男女之間的關係，以開放的心態謹愼的行爲來重新詮釋性的主權問題。

男女交往剛開始是純純的愛，見面時點頭示意，雙眼交波，都會覺得心神蕩漾，甜蜜無比，這是純純的愛；待交往一陣，手牽著手，一齊野外踏青、KTV唱歌，在意外的場景、意外的碰撞中，互相之間給了對方深深的一吻，這時，男女的心理直接影響生理，女的情慾高漲、男的慾火焚身，愛向性的過渡，但是理智還是會阻止下一步的。等到時機成熟，或是月黑風高，或是要結婚了，或是喪失理智，性凌駕於愛，雙目交鋒、兩手緊握，兩個肉體糾纏一起，完成天經地義之事，「性、愛轉換線」就成功了，達到終點。

所以在公車上被摸屁股的的女生爲何對摸她的男生有如此厭惡之感？因爲，毫無心理交往建設的基礎，還停留在「性、愛轉換線」的起點；與親密男友交往發生性關係卻如此甜蜜，爲何？因爲已經跨越「性、愛轉換線」到達終點。你呢？你和你的另一半是在此線何處呢？是跨越？還是起點？或是一開始交往就到終點，這就值得思索？或是快要結婚，還在起點，這就值得努力！

男女三十六計【女人勝戰計】

第三計：愛情「借刀殺人」

「殺人莫見血、見血非英雄」。此計應用在愛情紛爭上，莫過於三角關係的解決，三角關係是男女交往或是已婚外遇常常上演的戲碼。此關係中，只有兩人可以獲得幸福，所以難免會造成遺憾，三個人在愛情漩渦當中，如何脫身、或是全勝，惟有用借刀殺人之計，借什麼刀呢？

借人力、借財物、借條件、借謀略、借媒介、借輿論、借靠山，運用這些借來的優勢，來攻擊、剷除對象，讓其兩者關係破裂，進而成爲仇敵達到使之分手目的，自己則坐享漁翁之利。

但是愛情借刀殺人之計，實屬陰謀，而非能擺上檯面，如一曝光則後果不堪設想。相對於此，平常之時，不可不防；非常之時，不可不用。而此計中，最難借到的就是「心」，借刀殺人是赤裸裸的、驚世駭俗的；但若能從另一角度思考，如能「借心愛人」，這就完美了，因爲「心」是獨立的個體，借心是需要用感性邏輯來思考的，借到男人的心，比借到其他的刀更是犀利、更是有用，所以愼用此計，一擊必中。

異國愛情慾望

婚姻是牢籠，所以有些男女在婚後莫不是「喜出」、「望外」。

沒錯，歐美先進大國，從文藝復興運動及自由主義興起以後在文明的創新上就一直領先著東方世界，在工業革命之後更是獨領風騷，並藉著經濟貿易自由之名，向東方叩關，並深深的影響了中國及台灣的價值觀。

二十世紀末，自由主義已內化成歐美的價值，反映在愛情上也是一致的，在論及婚嫁之前都是自由的，不受對方羈絆，即使明天要結婚，今天後悔都是可以的而且不會遭受異樣的眼光，戀愛的過程中是在享受這過程的歡愉，並不是在期待未來的結局，戀愛並不是爲了結婚，戀愛就是戀愛，當愛情消失時，可以立刻掉頭閃人。傳統的爲結婚而愛戀的價值已被顚覆，戀愛跟婚姻彷彿在這二十一世紀被撕裂成兩個不一樣的東西。

戰敗後，日本因韓戰而經濟復甦，成爲亞洲的經濟強國，台灣因地理環境相近又曾受日本殖民，使台灣成爲日本產業投資的重鎮，相對的日本流行文化及其價值透過經濟交流、觀光、電視傳媒使台灣再度成爲日本文化拓殖下的殖民地，更直接的影響了台灣年輕一代的思維，「哈日族」成爲台灣年輕人的特徵，而日本人的偏狹慾望更成爲台灣的效法對象，例如，台灣男性對女性的態度像吃幼齒顧眼睛（如日本人喜歡女高中生）、援助交際、性開放等，幾乎都是受日本影響。

傳統價值處於歐美速食愛情觀及日本偏狹慾望觀的衝擊下，在二十一世紀的今天，現代男女，在情感與擇偶的路途更是受到中國傳統文化的影響，這二加一的結果不是等於三，而是平方甚至立方。

戀愛啊！戀愛

夫妻毒言毒語

有位漂亮的女人卻嫁給了一個醜陋的男子。懷孕後，她看著自己的丈夫抱怨說：「如果我的孩子像你，你實在是該詛咒的。」

他丈夫回答道：「如果我的孩子不像我，你才是該詛咒的。」

妻子：「我的審美觀點和別人總是不一樣，大多數人說是英俊的，我就覺得醜；大多數人說是醜的，我又覺得英俊。」

丈夫：「這麼說你對我的看法怎樣呢？」

妻子：「那還用問，你在我眼中是世界上最英俊的男人！」

老了之後

老妻對老夫說：「人家慈禧太后下葬時口中都含著一顆大珍珠，在百年之後的我一定也要含些甚麼東西才有面子。」

老夫說：「你要含貢丸還是樟腦丸？」

男女三十六計【女人勝戰計】

第四計：愛情以逸待勞

「以逸待勞」採取積極防禦，慢慢消耗敵人的力量，使敵人由強變弱，等待時機一舉消滅敵人。

愛情以逸待勞，適用的時機相當的廣，是面對強大的情敵或是想降服另一半，如果對方是個莽漢或是一個精明強勢的人，最好施用此計。用此計時，內心不能過於急躁，保持一顆安逸的心，裝的笨笨的，以靜制動、以拖待變，待勝利條件轉變，然後見縫插針，一舉突破情敵心臟地帶，擄獲對方的心，達成愛情勝利。

愛情以逸待勞有幾種涵義：

◇養精蓄銳

在愛情的森林中，足夠的愛情能量是最重要的。如果能量不足，如姿色、財力、智慧……都差人一截時，要盡量避免與情敵直接交鋒，最好在旁邊當個愛情啦啦隊即可，觀察自己可乘之機，韜光養晦暗中擴充力量，存錢、讀書、培養氣質，一點一滴轉化能量，一但抓住有利愛情時機，便可騎上愛情戰馬，當個愛情騎士，輕易擄掠敵人。

◇疲勞情人

當開始進入與愛情對象交鋒時，不管是情敵或是博取另一半的歡心，爲減少不必要愛情能量的消失，應採取疲勞戰術，滴水穿石的戰法，讓情人的愛情體力疲憊，一點一滴消耗對方能量，然後後發先致，瓦解情人的心防，從排斥到接納，從接納變情人。

◇看準時機

愛情戰鬥過程中，時機的掌握相當的重要，要注意情人的心意是否轉向？要注意情敵心防是否鬆動？如果這時機不利於我，則休息觀察、退避三舍、須臾應付、慢火煎魚，故意拖延……等辦法，巧妙周旋於情人或情敵之間，時機一到，毫不猶疑、立即出手、絕不手軟。但是時機不對時，卻要不動於山岳，等待時機千萬勿心急。

現代男人守則

女友上班時要雙B接送，沿途警戒；不得有懈怠放心之行為。

女人的可悲

完全相反的個性，結婚時叫「互補」，離婚時叫「個性不合」。

男女各佔世界人口的一半，但是女人的平均工作時間是男人的兩倍，而且大部分是沒有報酬的（工作不平權），女性無論在職場上、家庭中或是公共場所均無法和男性一樣的平權，無論是公營或是私人企業，女性想闖出一片天是有相當的阻力，除了有家庭的羈絆之外更有職場上的男人沙文主義作祟，以爲女性只是點綴的花瓶。女性在家庭中更要肩負其家庭責任，不像男人可以把全身精力用於工作上，如果家庭出問題、子女出問題第一個被檢討的就是「這個媽媽會不會帶孩子、會不會持家」，絕對不會去探討男主人的行爲。

在一般公共設施看到對女性的歧視，如公共廁所，無論任何地方女性的公共廁所數目絕對比男性要少很多，所以每到一個公共場所的廁所幾乎可以看到女性大排長龍的窘況，有的甚至還收費，類似像這種不平等的是卻是司空見慣，不覺稀奇。世界上大部分的國家財產繼承都是以男性爲主，台灣在民法一千一百三十八條規定，遺產繼承人，除配偶外，依下列順序定之：直系血親卑親屬、父母、兄弟姊妹和祖父母。

但是身爲女人，常常因爲傳統男尊女卑的觀念及家族社會壓力以及不明自己權益下，放棄自己的繼承權益（男女價值不平等）。

轟動一時名人偷拍事件，除了嚴重侵害當事人之隱私之外，更是被大肆報導流傳，也暴露出父權社會長久以來習慣物化女性身體的醜惡心態。社會大眾對公眾人物隱私的好奇，在八卦媒體的推波助瀾下，活生生地剝奪了個人最基本的隱私權，而在女性身上被施加的更是極爲嚴苛殘忍的雙重標準。女性的身體與私密生活在遭到針孔偷窺、拍攝之餘，還被大肆報導大量流通。男性公眾人物，即使八卦纏身，也從來不曾被如此「當街示眾」。

就是這麼多的不平等因素充斥男女之間，男女從交往戀愛到結婚受了這麼多因素的羈絆，愛情戰爭的發生勢所難免，但是愛情戰場狀況瞬息萬變，發生愛情戰爭的原因就如恐怖份子突擊美國一般那麼無厘頭，讓人捉摸不定，愛情的迷霧，一層一層鎖住熱戀中的男女，讓人無法突圍，乾脆享受迷霧帶來愛情朦朧，讓人邊摸索、邊享受這愛情戰爭的愉悅。

女人啊！女人

女人二十與三十

女人二十歲的時候，男孩子把汽水罐的瓶蓋拉環當作戒指，套在她的無名指上，她覺得非常浪漫，感動良久。到了三十歲，如果仍然收到這份禮物，她會覺得可笑，也實在可悲。這個時候，她希望收到鑽石戒指。

女人二十歲的時候，認為去哪裡度假不重要，跟誰一起才是最重要。因此，她樂意跟男朋友去澄清湖、草嶺，甚至在合歡山山頂紮營。到了三十歲，她會認為，去哪裡度假和跟誰一起度假，同樣重要。她再不願意去澄清湖，她想去歐洲。

女人二十歲的時候，愛上才子，欣賞他不食人間煙火，不汲汲營營，有很多很多理想。到了三十歲，她開始埋怨這位才子只尚空談，不切實際，不肯腳踏實地。所謂不食人間煙火，只是不肯承擔責任的藉口。

女人二十歲的時候，不介意沒有結果的愛情，美麗的回憶已足夠。到了三十歲，她不肯再投入沒有結果的愛情，她要婚姻。

當女人只有二十歲，你向她求婚，她多半會拒絕你。到了三十歲，她很徬徨，心裡想「他為什麼還不向我求婚」。

女人二十歲的時候，你送她一支「天長地久」的手錶，她非常感動，把它當作彼此的盟約。到了三十歲，如果仍是收到「天長地久」，她會埋怨你不夠愛她，或認為你摳門。她認為要世界十大名錶之一，才有誠意。

當女人只有二十歲，她喜歡一切深色，尤其是黑色的衣服，對所有彩色斑斕的衣服，深惡痛絕。到了三十歲，她突然不想穿黑，因為她可以穿七彩斑斕的衣服的日子所餘無幾。

當女人只有二十歲，她覺得外在美最重要，青春無敵。到了三十歲，她改口說內在美最重要，青春是犯錯太多的日子。

女人二十歲的時候，看不起三十歲，認為她們太老。到了三十歲，她又看不起二十歲的女人，認為她們沒有腦。

男女三十六計【女人勝戰計】

第五計：愛情趁火打劫

「趁火打劫」這一計，是趁情敵遭遇困難、力量薄弱無力還擊時加以打擊，這樣就可以就勢取勝，贏得情場勝利。

情敵或是愛情目標發生混亂的原因大概可分為三種：「一是內部情變；二是外在變心；三是綜合型的內外交害。」這些混亂就是對方之「火」，身為愛情的先鋒隊，應該抓住機會，趁火打劫，這樣不僅容易成功，而且可以從中獲利，但是「趁火打劫」如果不小心，不僅無法從中獲利，反而燒傷自己，所以需要特別小心。

施用此計時，特別需要時機，時機判斷錯誤，容易遭致失敗，而且本身條件要夠，也就是愛情能量要充沛，這樣才能一出手便能打劫成功。施用此計時可以從以下著手：

◇趁危取利

人在最脆弱時，心的防禦力最低；情人情變時，心的波動最大；在愛情世界中，所有的奮鬥都是爲彼此雙方，當一方出現危難時，就是第三者可趁之機，如果你是第三者，對方情變之時，就是出手最好的機會，而且往往事半功倍，相對的，如果你跟另一半發生彆扭時，就是雙方情變的最佳時機。

◇明助暗奪

你的最好朋友就是你最大敵人，往往男朋友另結新歡，其「新歡」就是你的手帕之交；老公外遇，「外遇」的對象竟是隔壁跟你最好的王小姐，公親變事主；這些案例充斥你我周遭。而相對來論，如果你暗戀的對象，發生情感危機，你可以在介入處理之時，暗中可撈得好處，這樣不會被對方拒絕，也不會引起對手注意。而此時你在暗處，甚至可以再點新火，再得好處。

愛情恐怖份子

當你為愛情而釣魚時，要用你的心當作餌，而不是用你的腦筋。

"When you fish for love, bait with your heart, not your brain."

馬克吐溫

自從潘朵拉因好奇的慾望打開了神祕之盒後，慾望就成爲人類最大的夢魘；平靜時宛如止水，不起漣漪，就像一片落葉掉入水中，只激起一點波心而已。淡淡的、無味的。慾望有罪嗎？還是在背後操弄者才是元凶？人類眞的能操弄慾望嗎？人類對待慾望的態度是順從？還是控制？或是對抗？這三項選擇是沒有答案的，就是因爲這三項選擇的複雜矛盾，才交織出人類一部血淋淋、赤裸裸的鬥爭史。

在愛情遊戲中，慾望的多寡、慾望的選擇、慾望的控制都是發生愛情戰爭的重要因素，紅遍香江、台灣、星馬的某男性影歌星，其與妻子結婚時，是轟動當時的大新聞，不僅耗費上千萬元，是香港有史以來最盛大豪華的婚禮，新娘的白紗禮服的設計師，更是與英國黛安娜王妃結婚時一樣，馬車、鮮花、香檳、教堂鐘聲、眾人祝福，多麼讓千萬少女嚮往的情節，但是如今，兩夫妻已經勞燕分飛，並且背負巨大債務，其原因何在？在於慾望需求無度！貪念佔據生活的全部，忘記如何正常生活，忘記如何回歸自我，全然迷戀在自我編織的環境當中，所以當現實來臨，夫妻之間醜態就自然而出，如無法接受對方，王子和公主就是分手一途。

所以「愛情恐怖份子」不是實體的人，而是無形的意念，可能是慾望也可能是憤怒，更可能是忌妒……總之，它充塞在你我之間，稍不留神，就攻陷男女之間脆弱的心防，成爲你的分身，那麼，這時的你，就不折不扣的成爲一個眞正的「愛情恐怖份子」。

男女三十六計【女人勝戰計】

第六計：愛情聲東擊西

愛情「聲東擊西」計，是三十六計中重要一計，在愛情爭奪戰中，最酷的計謀之一，此計與前面各計均不相同，愛情運用者本身是處於愛情進攻狀態、兩人有利時機。「聲東」是虛晃一招，「擊西」才是愛情主要目標，也就是故意製造假象，引誘目標作出錯誤判斷，然後出奇不意地採取行動，輕易的佔領目標。

在愛情的戰場上，女孩子往往處於被動角色，任男孩多方的廝殺，最後勝出者，才能擄獲公主的芳心，但是往往眞命天子出現之後，角色互換，這時男人只剩一個，就是眞正的男友，但男人這時候就拿翹了，絕不表態及承諾未來之事。此時身爲一個聰明女生，運用此計即可充分讓男人投降、情敵流淚。

愛情「聲東擊西」計可以分爲以下幾種情形：

◇忽東忽西

就是將目前的愛情關係鬆綁，讓對方察覺，非對方唯一珍愛，製造出影子男友，將關係再度緊張，讓男生恢復追求時期的甜蜜模樣，讓男友摸不清楚眞正意圖，只好處處被動設防，窮於應付，時間一久必然只有招架之份，無法拿翹，而向對方俯首稱臣。

◇隨打隨離

時而挑戰、時而遠離；讓情敵一直處於緊張狀態，製造各種接近目標的機會，讓情敵以爲我要與之爭奪目標，但是實際上卻沒有，只是到處放話讓他人傳話使之情敵相信，讓他窮緊張；過一時間，情敵鬆懈心防了，卻是我發起猛攻之時，進而獲得青睞，完全打垮情敵。

現代男人守則

女友疲憊時要笑臉相迎，按摩搥背；不得有男人主義之行為。

蛇吞象、馬殺雞

避孕的效果：不成功，便成人！

眼鏡蛇是吞不了印度象的；按常理馬更不會去殺雞的，但是在當前的社會，卻到處發現，蛇吞象、馬殺雞的怪譚。

台灣發行的「公益彩券」，明明中獎率才七的六次方之一，非常的低，微乎其微，但是卻在台灣掀起熱潮，幾乎成了國民運動，每個人都在作發財夢，每個人都以爲買彩券，就像開了一個戶頭，讓上天將錢匯進來，剛開始發行時，投注站大排長龍，投注用電腦被操到到當機，人人作發財夢，但卻是不可能的夢，事實上支援這個夢的力量就是人心的貪慾。

有一則發人深省的故事，說明實際的做事比夢想更偉大：「有二個和尚分別住在相鄰二座山上的廟裡，這二座山之間有一條溪，於是二個和尚每天都會在同一時間下山去溪邊挑水，久而久之他們便成爲好朋友。時間不知不覺已經過了五年。突然有一天，左邊這座山的和尚沒有下山挑水，右邊那座山的和尚心想：『他大概睡過頭了。』便不以爲意。

到了第二天左邊這座山的和尚還是沒有下山挑水，第三天也一樣，直到過了一個月，右邊那座山的和尚終於受不了了。他心想：『我的朋友可能生病了，我要過去拜訪他，看看能幫上什麼忙。』於是他便去探望他的老朋友。等他到達時，他大吃一驚，因爲他的老友正在廟前打太極拳，一點也不像一個月沒喝水的人。他好奇地問：『你已經一個月沒有下山挑水了，難道你可以不用喝水嗎？』左邊這座山的和尚說：『來來來，我帶你去看。』於是他們走到廟的後院，對著一口井說：『這五年來，我每天做完功課後都會抽空挖這口井，即使有時很忙，能挖多少就算多少，如今終於讓我挖出井水，我就不必再下山挑水，我可以有更多時間練我喜歡的功。』」。

你呢？每天做同樣的事，有沒有儲備能量，挖一口屬於自己的井，培養自己另一方面的興趣或實力，讓你的慾望分散，不會鑽牛角尖，未來當您年紀大了，體力拼不過年輕人了，您還是有水喝，而且還要喝得很快樂。就不會「人心不足蛇吞象、物慾橫流馬殺雞」。

女人啊！女人

女生給人的好印象：

◇在聽他說話的印象。反之，你應該給他一個你在注意傾耳細聽的感覺，那就是你應看對方的眼睛、嘴或頰骨的中間。

◇不要眼睛死盯對方這會使對方感到困擾，但目光偶爾直接觸是可以的。

◇不要有神經兮兮或恐懼不安的動作。如果你神經非常緊張可抓住椅子把手或手上拿些東西。

◇如果你正在跟某人談話，千萬不要把身體轉過一邊，你身體應設法與他採取同樣的姿勢。

◇最後一點，身體千萬不要搖來晃去左顧右盼，你應穩如泰山地站在那兒，或端莊穩重地坐在那兒，始終保持瀟洒自在的風度。

男女三十六計【男人敵戰計】

第七計：愛情無中生有

此計是出於《老子》「天下萬物生於有，有生於無」，此計的本義是憑空捏造，栽贓陷害。在愛情中採取虛虛實實、眞眞假假的手法，用虛假、假象欺騙情敵或是情人，使之產生判斷錯誤的一種計謀，讓她更愛你，達成結婚目的；抑或是，讓她恨你，達成分手的目的，甚至可以用來打擊情敵，以達成非常手段。愛情「無中生有」計的妙處，就在於眞中有假，假中有眞，使人判斷失誤，從而出其不意地把人擊敗。

在此計中，「無」是迷惑人的假象，「有」是我方所要實現的眞實意圖。另外，「無」也可以說明是本來愛情空虛狀態，「有」指的是創造出來的愛情。而在這「無」到「有」過程中，這期間是非常巧妙的並需要智慧妥善安排。

現代男人守則

女友血拼時要勇於刷卡，在所不惜；不得有猶豫不決之行為。

少女情懷總是詩

女人的「折舊率」煞是驚人，從「新」娘變成「老」婆，只要一個晚上。

當人一進入青春期，性激素（荷爾蒙）分泌增多，同時大腦發育使人的外在認知能力增強。睜開了眼睛，看到了世界。這時侯，性的意識是通過對異性的好感表現出來的。但是表現在外的追求上，女生是以幫助自己「進德修業、敦品勵學」為由來交往男朋友，以掩蓋內心深處對「白馬王子」的期待，覺得跟男生交往應該是「切磋學業」，所以重視男生異於他人的「才能」，能歌能舞、幽默風趣、體貼溫柔、運動健將、心思敏捷……等。所以高中時期的少女是懷春的詩句，對不可知的未來及充滿衝突的愛情，編織著一張美麗的網。

男生就不一樣了，男生雖然也是作夢，也喜歡白雪公主，但是卻不喜歡有「才幹」

的白雪公主。但是男女都是一樣的，先決條件都是外表，所以要成爲「少男殺手」首要有一個漂亮而清純的臉蛋。所以當情慾、物慾尚未完全困擾這個清澀階段時，愛情大部分都如春風一般溫溫潤潤，如果消失，也是心中淡淡的傷感而已。愛情戰爭的因素被現實壓抑的環境箝制著，雖然也有例外，但畢竟少女情懷總是詩。

男人啊！男人

男人說：「有種女人讓我很喜歡，卻不忍動情，跟那種女人在一起時，就像被太陽擁抱，暖暖的、溫潤的，那感覺並不出自激情，而是來自於彼此心靈的互通，真的，跟那種女人在一起時，你不會當你自己是個男人，彼此只是聖潔的分享及心中感動和心靈的交融。」

當你發現彼此的心是如此貼近時，常會想給她個真實的擁抱，但當接觸時卻相視一笑，有些東西是比愛情更珍貴的。這種女人當情人是種浪費，我害怕她做的我情人後，我必須每天守著電話，我害怕我必須說些奇怪的話哄她，更害怕現實的束縛，會限制住純潔的心。

這種女人，我真的好喜歡，但我不動情，愛她，但遙遙的祝福她，喜歡她，卻不擁有她。這種感覺真棒，既不用為情所困，為她的行為控制自己喜怒哀樂，又能享有心靈的交融。

有很多人都為交不到情人所苦，但有情人真的很好嗎？與其狂烈的追求，相戀如蜜，還不如交個好朋友，淡淡的，卻很甘美。

現代男人守則

女友掌廚時要口吃三碗，盤盤見底；不得有偏食挑菜之行為。

男女三十六計【男人敵戰計】

第八計：愛情暗渡陳倉

愛情「暗渡陳倉」一計，就是以虛似正，讓假的行動來迷惑愛人。這個計謀，最適用於男人愛情出軌，已經有一女友，但是心又未定，發現另一目標，所以愛情必須暗渡陳倉，表面與女友打著火熱，但私下卻另集結愛情能量，悄悄釋放愛情精靈，從另一心儀乘虛而入，讓人措手不及而成功。

但是愛情「暗渡陳倉」一計，違反男女交往定律，即是，腳踏兩條船，此乃愛情最大敗筆，所以使用時，其實心中有譜，切勿逆天而行，否則，反彈力量至大，是無福消受。

此計的使用也可以運用在不適合正面交往異性的時機使用，因無法正面、公開的來往，所以必須從「棧道」中另開一條路暗通款曲。此計最適合青少年因父母的反對無法交往，所以必公開配合父母的反對政策，但是卻可以利用「棧道」，即是網路、行動電話、簡訊、書信……等方法，來達到愛情「暗渡陳倉」的目的。

使用此計時，必須注意：

◇以明隱暗

一明一暗兩套辦法同時使用，明的一套為假，暗的一套為眞，用明的一套來掩護暗的一套。

夏日戀曲

試婚最大的壞處是，兩人的關係可能會——今日「試」，今日「畢」。

大學階段的戀愛就像是夏天，是熱情、奔放、狂戀、大開大合，開大門走大路，不在搞青澀時期的純純的愛，校園路上、課堂上、體育館中、社團活動上、餐廳中，都是戀愛的場所，男女雙方都在尋覓愛的獵物，就在那電光火石之間，一個清晰的影像闖入心扉，愛？不愛？隨時都在接受戀愛之神的挑戰，愛情的戰火也在這時悄悄的蔓延開來。

日本作家柴門富美的名言：「學生時代的戀情因沒有結果而美麗」，點出了大學戀情如彩虹一般的炫爛但早逝的殘酷眞相。

《易經》雖言：「女正位乎內，男正位乎外，男女正、天地之大義也。」以往在戀愛的戰場上，應該是男外女內，就是男人應該主動追求女孩。但是在後現代的今天，不論北京、臺北，或是上海、紐約，文化距離已被資訊流通而沖淡，男女主客地位也隨之模糊化，鑑此，如同《易經》所言，中國傳統定位的男外女內、男尊女卑、男追女等，恐怕更是愛情戰爭發生的主因。

以往，遇見喜歡的對象，女孩愛在心裡口難開；男孩則是主動製造機會。這是單純的現代情境。現今，男的「包二奶」，女的就養「小狼狗」；在校園，男生「狡兔三窟」，女生就「養金魚」，男女的態勢逐漸平權，但是因爲生理結構的不一及社會的制約力量，還是造成男女的些微差距，就以佔有慾來詮釋。

有了男女朋友之後，不管男生女生，大部分都願意把他（她）介紹給朋友認識，會讓戀情曝光來實踐自我意識中被壓抑的慾望，更像肉食動物，有了伴侶之後，會帶著伴侶繞行群區圈，來滿足佔有慾望（情慾）。但是如果這時戀情起變化，男女因基本差異表現在外而有所不同。

女生如果失戀了，大部分是懊惱、自責、氣憤，但是不會採取任何行動，隨風而逝，正如「紅燭自憐無好計，夜寒空替人垂淚」；男生就不一樣了，男生大部分還是會苦追不離，盡一切諸手段纏繞對方，讓對方回心轉意。

而三角關係的處理上，男女還是不一，以兩個方向來論述，一是你是第三者；二是你發現有第三者，第一個狀況，女生大部分會相見恨晚，默默的祝福，而男生則會用盡手段橫刀奪愛；第二個狀況在後現代愛情中男女則是表現一致，男生「狡兔三窟」；女生就「養金魚」，「雙頭馬車」主義在校園橫行，「魚與熊掌」雙食者，蔚成校園新風氣。

男女三十六計【男人敵戰計】

第九計：愛情隔岸觀火

愛情「隔岸觀火」計，最適用於三角戀情，或是情人外遇時，抑或是，本身是第三者時。就是在情人內部有矛盾時，不必急於表態或爭取，而是安靜地等待雙方內哄，讓他們互相仇恨，互相吵鬧，最後關係破滅，這樣就可以不用一兵一卒，便達到預期效果。

使用此計時必須要有個先決條件，就是要有「火」可以觀，就是要讓對方出現感情混亂場面；然後必須有「岸」可站，這個「岸」是相當重要的，它有隔離作用，可以避免捲入雙方的戰火。而「火」除了雙方自然產生之外，也可以與第五計愛情「趁火打劫」交叉使用，但是必須小心，而且全身而退，否則捲入之後，就不是「隔岸觀火」計。

觀的方式有多樣：

◇袖手旁觀—雙手放空，張大眼睛。

◇靜而暗觀—緊閉雙唇，暗中觀察。

◇退而遠觀—離開情場，靜待變化。

◇順而動觀—順從其意，配合觀看。

現代男人守則

女友睡覺時要炎夏扇風，寒冬暖被；不得有侵犯遐想之行為。

秋收情變

在愛情中，有人「視死如歸」；在婚姻中，有人「視歸如死」。

秋天是什麼樣的季節？田野中的金黃色稻穗，謙卑著低頭，告訴著豐收的訊息；溪河中的肥腴鯉魚，活潑著跳躍，透露著好年的聲音。秋天是愉快的季節。而莘莘學子踏出校園後，投入職場，置身於社會大環境中，就如稻穗、鯉魚一般，等待著愛情的收割及捕獲，但是人畢竟不是稻穗，更不是鯉魚，秋天的秋高氣爽，卻成爲了愛情暴動的溫床。

在華人社會中，踏出校園的男生，第一面對的就是「兵變」，在中國、台灣、新加坡都是採義務役兵制，服兵役的年限從一年到三年不止，男孩子在紀律森嚴的軍營中，行動自由受到限制，思想受到軍營的重新塑造，沒有紛擾、沒有女人；只有鋼鐵紀律、饅頭大蒜，脫胎換骨成爲一個新男人，但是在這男人爲主的陽剛社群中，所接觸的都是訓練的苦楚及男人話題，所以當兵一年半「母豬賽貂蟬」。

但是踏出校園的女生，除了繼續深造之外，大部分都投入了職場，接觸了五光十色的環境，從單純的校園學生到職業婦女，思想受到社會的重新洗禮，行動完全自由，所處的環境是一個弱肉強食的叢林社會。

在這兩個完全不同的情境下，一對大學剛畢業的男女朋友，一個投入軍隊、一個投入職場，以前是天天見面膩在一起的夏日戀情，現在面對的問題是：

一、見面時間的急劇縮減，感情聯繫的時間縮短。

二、見面時話題差異，以前談的都是共同的校園話題，但是現在南轅北轍，男的談部隊的甘苦（女的完全無趣）；女的說職場的點滴（男的完全不懂），環境的差異造成雙方的裂痕產生。

三、女生到陌生環境中，天性需要受到保護，所以本性的會找另一個可以談心、依靠的對象。服完兵役進入職場的男性，大部分都會找涉世未深的女孩爲其伴侶，在此循環下，就促成「兵變」導致「情變」的主因。

除了兵變，男女出社會後，社交的機會便少了，生活方式與校園生活相去甚遠，工作的壓力，加上作息不一，尋找最佳女（男）主角成爲不可能的任務。以前流行「交筆友」，或是「機車鑰匙」活動；到了二十一世紀，被網路的ICQ聊天室、網路一夜情取代。正常的社交活動逐漸萎縮，潛伏在人類深層意識的慾望被不正常的異化現象滿足，心靈的契合成爲泡影；物慾情慾當道，成爲愛情戰爭暴動的導火線。

戀愛啊！戀愛

釣餌久放沒味

父親：「小美，為什麼還不結婚呢？」

小美：「爸爸，找了好幾個男朋友，都不滿意，等我再挑選一下。」

父親：「你年紀不小了，可要抓緊時間啊！」

小美：「放心吧，爸爸，在人生的大海中，魚多得很！」

父親：「孩子，釣餌放久了，就沒味了。」

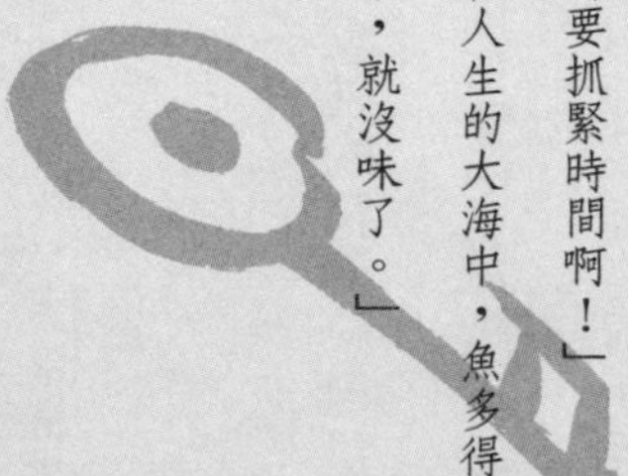

現代男人守則

女友生病時要親侍湯藥，廢寢忘食；不得有漠不關心之行為。

男女三十六計【男人敵戰計】

第十計：愛情笑裡藏刀

愛情「笑裡藏刀」的意思是表面裝出十分友好、充滿誠意的樣子，使對方信以爲眞，放鬆警惕，但實際上卻暗中策劃，積極準備，一有機會就立刻行動，使對方措手不及。

人是會笑的動物，笑是友善的符號。但是笑卻也有眞假之分。眞笑的人心胸坦蕩；假笑的人腹藏利劍。所以在愛情叢林中，要提防笑面虎，勿信承言。

此計是一種表面和善而內心狠毒的兩面手法。雖然人人厭惡，但是處於特殊情形，良善的你也不得不用。尤其是遇到負心漢或是薄情女，在感情被欺騙，爲達分手目的，當然可以不擇手段，何況笑一笑而已！

運用此計的關鍵在於笑，必須笑得自然，才能掩飾背後目的，對付負心漢，明知他欺騙你很苦，但是當他面還是笑臉迎之，然後博取信任，讓他以爲腳踏兩條船而你不知。最後，背地裡用光他的存款、散播他的謠言，然後公開分手，趨之別院，讓王子一夕之間變成癩蛤蟆。

包二奶的悔恨

戀愛時的花費，證明愛情「真實」；結婚後的開支，證明婚姻「無價」。

婚姻是戀愛的墳墓，其實墳墓指的是愛情終點，但是卻是另一世界的起點，婚姻等同於戀愛嗎？其實有很大的差距，婚姻是一個實質的法律名詞，受到民法制約，男女經過情愛摸索後，簽下婚姻契約，成爲構成社會的一個單元；戀愛呢？是一個相當抽象的名詞，沒有實質契約規範，是進化成婚姻的必要過程，但沒有戀愛還是可以結婚，婚姻的維持也不一定需要戀愛。所以結婚之後，婚姻讓男人忘了浪漫，讓女人失去了美麗，缺乏愛情維繫的婚姻，「外遇」就成爲男女在婚姻過程中的愛情恐怖份子。

外遇問題，各人看法有其說詞。一定要有親密關係嗎？一個吻呢？性幻想呢？共進晚餐呢？有人以爲凡是「婚外性關係」，包括妓女、舞男，買賣式行爲，或偶一爲之的一夜情關係，連雙方名字都不知道，都算作外遇。也有人以爲「外遇一定得在外金屋藏嬌。」事實上，當另一半與第三者發生性關係，不管只是一夜情，或是長期間的感情糾擾，大部分人都會覺得被背叛。甚至，即使只是一個簡單的親密動作，如點頭致意、眼神專注、擁抱、讚美甚至收到或贈送巧克力或紅玫瑰，都會強烈意識到另一半有外遇的感覺，讓自己感到不安。

當前外遇最高機率就是結婚的前十年，而且不分教育程度、不分男女，以年輕夫婦爲最。香港、台灣在大陸工作的商人，因長年在外工作掙錢，就有所謂「包二奶」的情形，相對在香港、台灣等待的貴婦人則香閨難耐，也有「包二爺」。中國大陸最高法院於二〇〇二年初針對「包二奶」問題，作出司法解釋：婚姻法不禁婚外戀，包二奶也不是重婚罪。外遇在台灣有民法的通姦條款，但是使用者畢竟少數，所以外遇問題不是用法律就可以解決的，外遇確實是婚姻的最大問題，更是婚姻的恐怖份子。

在台灣十對結婚的佳偶中，有將近四對離婚，這數字值得在追求愛情而進入婚姻的現代男女警惕。

戀愛啊！戀愛

某公司的總經理缺少一位祕書，於是就在報紙上登廣告要誠徵祕書，有一個女的來應徵這個工作，在經過面談之後，總經理就決定重用她了並以高薪聘請她，過了一段時間之後，公司的職員開始覺得奇怪，這個女秘書什麼都不會，為什麼總經理還要用她咧，於是有一天有一個職員就問了這個女秘書這個問題：「你不會打字，也不會整理文件什麼東西都不會，為什麼總經理還用高薪聘請你呢？」

女秘書：「就是因為我什麼都不會啊！」

職員：「為什麼？？」

女秘書：「因為我也不會懷孕啊！」

現代男人守則

女友給錢時要含淚感激，省吃儉用；不得有奢侈浪費之行為。

男女三十六計【男人敵戰計】

第十一計：愛情李代桃僵

在愛情這條路上，獲得全勝是相當難的，有時需要付出一定的代價或犧牲，所以要做到「兩利相權取其重，兩害相權取其輕」的原則，盡量犧牲局部以保全大局，犧牲眼前以保未來。愛情李代桃僵是一個捨小保大的計謀。

若「李」要替「桃」受過，過程中，必須注意到三條規則：

◇是非之過莫要攬

◇是非之地莫要留

◇不白之冤莫要忍

這三條規則下，愛情「李代桃僵」有幾種涵義：

◇棄車保帥

在象棋中，爲了保住元帥，寧可丟掉最有攻擊力的「車」，愛情中，爲了保住女友，有時不免犧牲了金錢、課業甚至好友。

◇忍痛割愛

壁虎在尾巴被抓時，會猛力掙斷尾巴，來逃跑；壁虎折斷尾巴肯定是痛苦的，但是爲了活命，這樣做是值得的。

現實愛情的無奈

女人「紅顏多薄命，黃臉多認命」！

螳螂捕蟬、黃雀在後，愛的戰場中，是一個非常現實的殘酷環境，如要求勝利，就要加以利用這些法則，當前愛情環境中，就是一個詭譎多詐的鬆散狀態，男女為了自己最大的利益，無不合縱連橫，統一戰場，沒有法律的約束，只有現實的愛情利益。所以人際關係中的現實法則，其實也是愛情戰場上運用的法寶。

人不為己天誅地滅，現實主義的理論，基本上是主張性惡的，人是愛情社會的基本單位，人與人之間的愛情戰爭處在一個無主狀態，無視於其他男女的存在，在無秩序狀態的愛情社會中，愛情個體戶必須追求最大權力，以保障愛情利益及愛情安全，故權力等於愛情利益的代名詞。每一個愛情個體戶都在追求最大權力，自然走向愛情的同盟以維持愛情權力平衡（balance of power），因此，愛情權力的平衡也就成為維持愛情和平的工具。

男生在愛情的叢林中，開始是處於掠奪者的角色，但是當他套上婚姻枷鎖之後，就沒有所謂的愛情權力平衡可言，只有單向的、必須遵守的、唯命是從的法則，簡稱「老公」生存法則，此法則僅獻給已經結婚的、正在準備結婚的、想要結婚的「有志青年」，得之，晚年長保無虞，否則，下場……

◇老公苟活法則

別跟老婆談具有爭議論性的話題。

若有爭論時，儘可能不要有結論。

如果非有結論不可，則以老婆的結論為結論。

◇老公緘默定律

當老婆對時，絕對閉嘴不說她不對。

當老婆不對時，先看她臉色對不對。

不管她對或是不對，你說的永遠不對。

◇老公勞力定律

能自己做的，就自己做。

自己不能做的，就推給老婆做。

老婆做完後，爲補破洞做的比自己做的還要多。

◇老公煩惱定律

老婆有事沒事都會來煩你。

老婆不來煩你，收帳的會來煩你。

◇老公信念守則

深信自己能改變老婆。

若無法改變，就加強信念。

改變不了老婆，則改變信念。

◇老公避災守則

能夠說謊話時，就別說實話。

非說實話不可時，就先說好話。

好話成效不錯時，則適時加入謊話在實話中。

◇老公問話守則

別問你不想知道的事情。

別問老婆不想說的事情。

剩下的都可以問，但別相信答案。

◇老公掏腰包定律

別給太多，但要讓老婆覺得很多。

若老婆覺得不夠多，再給時漲幅不得超過百分之三。

記住，這次給的錢數是下次要給的底線。

◇老公晚歸守則

別超過半夜一點回家。

超過兩點，則想好兩個理由。

超過三點，就準備三個理由。

超過四點，不必想任何理由，因一切都是徒然的。

理由內容：堅守不說謊，不吐實的原則。

男女三十六計【男人敵戰計】

第十二計：愛情順手牽羊

「順手牽羊」，是「偷心」的最佳計謀，在愛情路上，趁人無防備之時，偷偷牽走無防備的心，這是意外的收穫，但是掌握時機是非常重要的。

在情字這條路上，充滿了想像空間，男生與女生交往中，有太多機會可以順手牽羊：

◇特別日子

特別的日子，如女友生日、情人節、除夕、甚至是岳母生日，都可以假慶祝之名，行收買人心之實，一點小投資如鮮花、禮物、殷勤的問候，熱鬧的氣氛，都可以讓人感動莫名，並順理成章的牽到當事人一顆小小的心。

◇對方忙碌之時

現在社會忙碌是通病，所以如果可以在對方忙碌之時，適時伸出援手，而且幫忙的無微不至，如幫忙拿送洗的衣服、幫忙整理課業、幫忙帶她的父母前去看病、幫她準備餐點……等不勝枚舉，而且幫忙的態度要自然流露，誠懇待之，則對方這隻羊，會自己跑上門來。

現代男人守則

女友節日時要花禮並送，夜備盛宴，不得有隨便過過之行為。

擠牙膏的恐怖失衡

女性最大的野心就是被愛。

在前些年，報紙刊載一個消息，一對受高等教育的夫婦，因爲早晨盥洗時擠牙膏的方式不一，而導致離婚。其原因是，太太個性井然有序、循序漸進，日常生活有條不紊，一切照規矩來，所以擠牙膏時，喜歡從屁股慢慢地往前推擠；而先生個性則與太太不一，生性較爲散漫，對生活瑣事也不以爲意，從來沒有觀察太太的生活細節及習慣，當然擠牙膏的動作也是一樣，所以拿起牙膏隨性之至，從中間就下手，反正只要牙膏擠的出來就好了。所以牙膏擠出來了，也把太太的怒火擠出來了。本來太太只是對牙膏事件的反彈，但是怒氣把陳年舊帳全部都翻了出來，心想：「爲什麼我嫁的這個男人，從來就不把家中的事認眞對待，任何事情漫不經心，竟然連牙膏也不會擠」。太太因爲很愛先生，所以下了最後通牒，下次只要在亂擠牙膏，我就跟你離婚（當時距離結婚才三個月，希望利用恐怖手段，提高愛情戰爭的因素，讓對方覺得妥協，來改進生活習性，達到搶救愛情的方式）。先生很愛太太，但是生活習性並不是說改就改。在一次起床無意識的動作中，錯擠牙膏中段而不自知，太太發現之後，一怒之下拂袖而去。

其實這對怨偶，就是當今社會新婚夫妻的縮影。在你我之間，夫妻之間、男女朋友之間，在愛情戰爭中，常用爭奪權力的方式，來達到恐怖平衡。現實主義大師摩根索（Hans Morgenthau）認爲人性本惡，爭權奪利，無道義可言；中國先秦時代的《韓非子》一書，更是認爲只有權、利的把持才是南面爲王的唯一之路。男女朋友、夫妻之間最重要的就是愛情安全，在愛情現實主義觀點，維持愛情安全政策的決定因素是他對本身權力的估計。男女朋友、夫婦之間如果對現有的愛情環境滿意，大部分都會採取維持現狀的愛情政策，反之，就採取愛情權力的擴張政策，以奪取更多的愛情權力。但因為男女在處理愛情政策時因時間、空間、個性……等不同，就會不斷有聯盟（交其他的同性朋友，壯大聲勢）、背盟（另外交往新的異性朋友），化敵為友（重新建立新的權力關係），男女間的愛情權力爭奪戰，常常以道德、社會規範、小孩、工作甚至法律來掩飾解釋，並證明其合法合理，所以摩式認為防治戰爭的方法，只有來自權力的平衡，一但權力失衡，無論傾向任何一方，都是愛情戰爭要發生的前兆。

切勿以偏概全，不要常埋怨：「你每次……你總是……」其實配偶可能不是每次都犯錯的，只是自己不滿意對方部分時候的表現，若予以完全否定並不公平，因過分偏激的批評可能造成更大的矛盾衝突，彼此並無迴轉的餘地。況且，亦可能忽略對方偶然也有好的表現。

好言相勸，別以長輩的姿態大發雷霆，或者破口大罵，因每個人都有自尊、愛面子。因此，好言相勸，以關心及愛心打動對方，或許可使對方接納你的意見。

將心比己，當你抱怨配偶的壞習慣時，不妨嘗試想一想，自己某些習慣會否令對方難以接受？既然成爲夫婦，何不暫時忍讓又或多包容，要知道習慣不是一朝一夕養成的，亦不要期望對方在短瞬間作出改變。

戀愛啊！戀愛

婚姻種類

◇利益式的婚姻：老式婚姻多為此種型態，今天，仍有許多人為了經濟或性需求，想有個家等理由而結婚。

◇精神上的結合：可能純為彼此信仰的宗教而結合。

◇浪漫的婚姻：白馬王子，滿腔熱情，為愛赴湯蹈火在所不惜是典型的浪漫象徵，通常受小說與電影的影響。

◇伴侶式的婚姻：夫妻的關係像朋友而不像情侶，通常有共同的興趣與目標。

◇愛的婚姻：有人選擇愛的婚姻做為生活的方式。以共同的目標，愛的團隊精神，用愛來維持，很難、很辛苦但卻值得。

男女三十六計【男女攻防計】

第十三計：愛情打草驚蛇

愛情「打草驚蛇」計，提醒我們對於有懷疑之事要瞭解清楚，等明瞭以後再行動，否則會一敗塗地。

此計最適用於懷疑另一半出軌時，此時的「草」就是外遇的跡象，如不明電話、簡訊、e-mail、書信，或是大量金錢支出、不明藉口晚歸……等，「蛇」就是躲在另一半身後的「藏鏡人」。唯有「打草」，也就是打擊目前暴露在外的目標，如截獲電話、檢查書信、控制金錢……等手段，才能「驚蛇」，才能讓隱藏的目標獲知此信息，而作出反應。

所以愛情「打草驚蛇」，另有二種涵義：

◇打草驚出蛇

這是間接引誘之法，也就投石問路、引蛇出洞，將外遇對象逼出來，然後使這姦情，暴露在眾目睽睽之下，這樣，外遇對象就可以輕而易舉的逼退。

◇打草驅走蛇

這是間接驅離之法，如果花心男友到處留情，就可用此方法，驅離接近她的所有對象，也就施展黏功，並到處宣揚，讓男友無法發揮其魅力，只有委身於你。

現代男人守則

女友逛街時要不辭辛勞，提攜重物；不得有偷懶怕重之行為。

盲目的熱戀

「男人沒經過挫折就輕易地將心愛的女孩弄到手，他們也不會認為這是幸福。」

俗話說「男人不壞，女人不愛」，先不論壞男人的定義爲何，這句話有兩個隱藏涵義，一是貶低女性的選擇能力，認爲既然女人專挑壞男人，一旦在情感上受挫，也是自找的，怨不得人；二來讓壞男人的存在更理直氣壯，既然女人只愛壞男人，男人便可高喊「使壞有理，耍賤無罪」，彷彿越壞越有價値，也越受女人青睞。至於沒人愛的男人，只要死咬著這句話，自我安慰「一定是我不夠壞……」，就不需要檢討自己爲何尋覓不到佳人了。這就是現實主義的一廂情願的缺陷。

從報章媒體的凶殺新聞、橫刀奪愛新聞、爲愛殉情新聞、白刀進紅刀出的血淋淋畫面。現實世界中，操縱權力來達到愛情之間的恐怖平衡是一高明策略，但也是險招，而在這平衡傾斜後，立即招致戰爭的危險，如有一方棄守，還可以形成另一次新平衡，但雙方劍拔弩張之下，披上鋼鐵般的甲胄；衝上愛情的戰場火拼，結果必定是血流成河，雙方元氣大傷，所以在愛情現實主義所強調的權力爭奪，是有隱藏性的致命因素，其致命的因素是「強調佔有權力，忽視雙方互賴」。

愛情現實主義主張人性本惡，認爲在愛情戰場上男女雙方必定爾虞我詐，過分強調權力的必要，以及愛情個體戶所處的不安全的環境，使得男女雙方對個人領域的擴張及愛情耐力的競賽成爲合理。當然愛情世界中是處於無政府狀態的環境，愛情個體戶需要保護自己的愛情權力及自由（愛及被愛的自由），如對抗父權社會、婚姻枷鎖、不愛的人、糾纏的人及社會環境的制約以及自我追求的愛情。需要聯合盟友統一戰場（聯合次要敵人，打擊主要敵人），來平衡敵對一方的權力威脅，然而，現實主義者強調愛情權力的掌握及權術（到達權力的過程）的利用，使得愛情利益及權力成爲一種最高最高的典範價值。

中國古代兵學大師孫子曰：「兵者，國之大事，死生之道，存亡之地，不可不察」。利用達到恐怖平衡奪取、維持愛情確容易輕視戰端的現實主義忽略人性互賴的一面。從互賴學派的思考模式來看，他反對現實主義者以愛情個體戶為中心的思考模式，特別是愛情的利益根本就沒有界定，社會大眾之間的觀點就不一致，「愛情」本來就是一個極度抽象的名詞，而當前的社會現象顯示，衝突無法解開戀人們之間的問題，甚至無法保障愛情的利益。

戀愛啊！戀愛

複雜關係的「郭華郎和王月英」

這是唐朝「賣胭脂」的故事。郭華郎和王月英兩人在觀音廟中偶然地邂逅，兩地的相思更加深彼此的真情，但兩人的愛情卻遭遇到了阻礙。他們一方有黃十郎，另一方有柳元元的纏繞，加以錢媒婆、毛鬍子和他太太從中破壞，前途並不樂觀，而最「悲觀」的是華郎和月英數次的約會，竟無一次圓滿的結果，他們悲劇的產生是在第三次的幽會中，他們沒有見面，並雙雙悒鬱而終。

這是男女「四角關係」與「愛情啦啦隊」的悲劇，「愛情啦啦隊」這些人充滿在你我的四周，是誰？同學、好友、同事、上司、父母……這些都是「愛情啦啦隊」的成員。「愛情啦啦隊」這些人角色置亂，深入愛情參賽者之中，利用同儕壓力、團體效果亂點鴛鴦譜，讓真心想愛的愛不到，不來電的卻被綁在一起，這些人製造學校的「校對」、「班對」，公司的「情侶」、「愛人」。這些「愛侶」中有真心相待對方嗎？還是被拱上去卻無法脫身，或是其中一人的單戀而刻意製造的假象。最後就像郭華郎和王月英兩人下場一樣，想愛的愛不到；不想愛卻糾纏不已，三角戀情的最悲劇收場，最後兩人含恨鬱鬱而終。

男女三十六計【男女攻防計】

第十四計：愛情借屍還魂

愛情「借屍還魂」原意是說愛情已經消亡的、戀情已經不存在，但是又借助某種形式得以復活。舉凡在愛情戰場上失敗之後態度有兩種：一是一蹶不振、自暴自棄，慢慢就成爲恐龍一族；二是永不認輸，尋找機會東山再起。當然，愛情「借屍還魂」之計，就是屬於後者。

此計，不僅用於愛情，在日常生活中更是不勝枚舉。施用此計時，大部分都是處於愛情失敗或是感情瀕臨破滅之際，所以必須將失敗的事物假借另一種形式出現，善於利用一切有利的條件，扭轉愛情局勢，爭取情感的主動，實現原先的目標。此計的方法是「借屍」，目的是要「還魂」，一定要在有屍可借、靈魂仍在的情況下使用，否則強求，只是徒勞無功。

借屍的方式可以歸納成三種：

◇揀

情人拋棄的東西，即為無主之屍，我將揀之利用，使他變成我的東西。如朋友、紀念品……等。

◇偷

把別人的東西偷過來自己用，但這裡指的是，偷心、偷情感、偷感覺，一點一滴，累積成我的經驗及人脈，待派上用場時，即可發揮效用。

◇換

給別人好處，將其對我有利之「屍」轉讓給我。

現代男人守則

女友無聊時要吞火跳圈，彩衣娛親；不得有毫無所謂之行為。

愛情麵包的渴求

「什麼缺點都沒有的男性不是笨蛋就是偽君子。」

麵包是影響男女戰爭的一個關鍵因素，但在現實主義愛情觀的眼中，常常刻意忽略經濟的因素。很少談到經濟與權力在愛情體系的互動關係。他（她）們最關心的問題是權力的爭奪和均勢的維持，對於自身獲得經濟能力的因素卻避而不談。而相對的經濟能力與權力卻成相當的正比，經濟權力愈高；愛情權力則愈高，一個男（女）人他的經濟權力如果大於對方，也是獲得經濟的能力及控制經濟的能力，他（他）控制對方的能力就越強，所以經濟、權力是一個相對依賴（互賴）的共同體，絕對不可能高唱權力爭奪戰而輕忽經濟的現實。

「王寶釧與薛平貴」是家喻戶曉的故事。薛平貴是一落魄的窮小子，甚至要靠乞討過日子，因緣巧合與相國的三女兒王寶釧相識進而相戀結婚，而在親戚的歧視下落婚而逃、從軍而去，留下王寶釧獨守寒窯十八年，在這十八年中，薛平貴再跟番邦的公主結婚成爲駙馬，後因戰爭又逃婚返回中原才跟王寶釧相聚。這個千古流傳的故事主要的是彰顯當時破除門戶（經濟與權力不平等）之見的愛戀關係，爲何可以流傳甚久呢？就是當時社會上根本就不允許經濟與權力不對等的愛情關係。許多愛情鬧劇中，窮小子跟富家女因相戀而逃家結婚，以後更因經濟問題起變化者佔最多數，所以要當駙馬爺或是嫁入豪門，都要承受經濟與權力不對等的嚴重後果。所以愛情現實主義者忽視經濟的重要性就宛如瓊瑤小說一般不食人間煙火；只知夕陽海灘、鮮花美酒，沉溺在自我的權力慾望之中。

戀愛啊！戀愛

愛情現實困境的「梁山伯與祝英台」

這個故事為人傳頌不已，凌波樂蒂主演的黃梅調電影，更是轟動一時，「梁祝」為「七世夫妻」中最淒美的結局，祝英台在哭墳後與梁山伯雙雙羽化成蝶比翼雙飛但卻讓人唏噓不已。「梁祝」除了有金玉盟的誓約外，更隱含了「爭取婚姻自由，和對黑暗社會的反抗」，這是青年男女在「吃人禮教」下爭取的喘息空間。他們都是被迫而起。用自己的終身幸福和生命，向惡勢力挑戰，惡勢力不僅指社會上那些不相干的人，也包括自己的父母及可怕的傳統。

中國的「梁祝」與西方的「羅密歐與茱麗葉」各為東西方愛情故事中殉情的典範，為了魂牽夢縈互相心許的彼方，抵抗門戶之見及傳統壓力，而不能與對方共同廝守時，並眼見另一半為情困而死，最後毅然以精神情感超越肉體愛慾，奠定殉情的準則。交響樂作曲家成剛更為他們譜出了「梁祝協奏曲」讓這愛情的樂章永傳於後世。

現代男人守則

女友煩惱時要溫柔安撫，分憂解勞；不得有火上加油之行為。

男女三十六計【男女攻防計】

第十五計：愛情調虎離山

愛情「調虎離山」之計，適用於愛剛開始萌芽之初，是讓自己心儀的女生如何打開心防，出來約會，離開本身把守的心靈防線，讓你乘虛而入，闖入其寂寞芳心之中，逐漸取得愛情的勝利。

如何調「虎」離山呢？這裡所指的「虎」就是女生的心房，要調虎離山之前，身為現代男人本身要具備哪些條件才夠資格，打開女生的心防？

◇實力：如果你是英俊的男人，不如再做個有實力的男人。如果你不英俊，就更要做一個有實力的男人，否則，就不要調「虎」離山了。

◇形象：有紳士風度是最好了，一個風度翩翩的男人，女人會看多兩眼的；再不然有個性，健碩、有氣質、親切、溫和都是男人的美德；至於長得有點像暴龍或難爲情的，不妨試另類裝扮，起碼可以博個有印象；實在沒辦法的，整潔就好了。

◇幽默：博得伊人一笑，接下來就好辦了。

◇品味、情趣：現代女人都講究生活質量，不僅是物質上的，精神愉悅猶爲重要。

◇善解人意，細心溫柔：她一定早就暈在你懷裡了。

◇浪漫：女人喜歡兜圈子，一定不要在這段時間沉悶著她。女人也喜歡美好回憶，一定要滿足她。

◇沉著：操之過急，急色相，直奔主題，可能會嚇跑她。

理想的愛情奏鳴曲

愛情的偉大在於無條件付出和不計後果的犧牲。

愛情理想主義者認爲世上有一個眞理，可以維持世界上的眞、善、美，可以管制男女之間的交往，男與女遵循這一眞理制度而行，以禮相待、以誠相見，在內心中建設自己的流星花園，從愛情小說中尋找答案、從偶像劇中尋眞理。

理想主義者最容易出現於校園的莘莘學子或是初入社會的新鮮人，這時候的男女生理開始成熟了，表現於身體的外觀儼然成爲成人，但是在其心智上，因社會化程度不夠，加上校園環境的封閉性及道德性，在學生的性格塑造上，容易成爲一個完美的理想主義者，容易看到社會不公義的一面，具有批判的風格，而且要求自己符合理想要求。當這種態度表現在愛情的行爲上，人與人之間相處，便有一個理想的模式，在其愛情的要求上追求完美成爲其主要目標。

戀愛啊！戀愛

差勁的男人

◇打女人的男人

這種男人乃是所有差勁男人中最不可容忍的一種，且不說他是事業有成或一無事處，本身使用暴力就是一種可惡的手段，若是把暴力用在柔弱的女子身上，簡直就是應該遭到天譴。這種男人連男人都看不起他。

◇吃軟飯的男人

偶爾的經濟窘迫可以忍受，因為時運不濟而導致在事業上失敗手頭不寬裕也可以原諒，但是有一種男人卻讓女人如吞下大頭蒼蠅般憎惡，那是一些好逸惡勞，抱著一步登天想法，單純為著金錢、或是權勢、或是舒適的生活而出賣自己肉體的寄生蟲，他們是一群沒有靈魂行屍走肉的人。

◇雞腸鳥肚的男人

懂得寬容的男人，才是真正的男人。但是生活中總是有一些這樣的男子，心眼兒比針尖還大，善妒、狹隘、淺薄，跟他在一起要處處小心，擔心自己無意中就會得罪他以後遭至報復。跟這樣的男人在一起，真是累。

◇懦弱的男人

這裡的懦弱不是指身體上的，而是指心靈上的。一個真正的男人應該有堅強堅定的人格與思想，遇事能獨當一面，而不是只會嘆氣與哭泣，手足無措。

◇自以為是，看不起女子的男人

這種男人，小有成就，或根本無值得驕傲的地方，對別人卻用一種居高臨下的態度，以為自己永遠高人一等。更把女性看成低等動物，揮來喝去，頤指氣使。

現代男人守則

女友訓誡時要面露誠意，兩眼凝視，不得有心不在焉之行為。

男女三十六計【男女攻防計】

第十六計：愛情欲擒故縱

愛情「欲擒故縱」是說在男女交往時，如果有一方逼得太緊，讓另一方走投無路，他就會情緒反彈，甚至選擇分手一途。所以在交往時要故意一緊一鬆、若即若離，反而會削弱對方的氣勢，瓦解他的心防，可以尋找適當時機，征服情人，贏得愛情的勝利。所以在運用此計時要注意「跑累了再抓」的原則，因爲，在愛情長跑上，男女之間不必急的追趕，要把對方牢牢抓在手心，緊抓在手，其結果是什麼也沒有，應該讓她繼續奔跑，等對方跑累了、精疲力盡了、毫無反抗能力了，此時手到擒來，不費吹灰之力，讓對方成爲你的愛情俘虜。

很多男生認識女生時，都會將女生認爲「乾妹妹」，因爲在男人自私的心中，「乾妹妹」就是男人「進可攻」、「退可守」，「送禮」、「自用」兩相宜的的好禮物，也是男人在愛情「欲擒故縱」中表現出的最高計謀。

百分百的戀愛

普天之下，最美妙的事，莫過愛人以及被愛，彼此相對的付出。

電影「紅磨坊」

自然界不存在純淨的水，純淨的水能通過蒸餾等方法獲得（也不是絕對純淨的）。理想愛情就如此一般，何謂「理想」愛情？這是見仁見智、眾說紛紜。理想的愛情，恐怕第一要素就是要有堅定不移的愛情信念。就如「神雕俠侶」中的楊過與小龍女，不管環境的險惡、不管世俗約束、不管時空的變遷，在彼此心中只有對方一人，時時刻刻都是想著對方，爲了心所繫的人，即使不要性命躍入萬谷深淵中粉身碎骨在所不辭；維繫這力量就是堅定不移的愛情信念。

其次就是共患難的眞性情。「夫妻本是同林鳥，大難臨頭各自飛」，這句話道盡了夫妻只能共享樂不能共患難的無奈愛情滄桑，而世間上許多殘酷的現實困擾著追逐愛情的男女，這些愛情新鮮人心中有個問號，看見無奈的大千世界，心中浮起既然現在會離婚爲何當初要結婚、如果現在分手爲何當初要交往的念頭。除了共同分享甜蜜之外，爲何不能共同承擔困苦呢？

戀愛啊！戀愛

孟姜女與萬杞良

秦朝時代，萬杞良在命運巧妙的安排下，於孟家花園邂逅了孟姜女，展開一場迴腸蕩氣的姻緣。新婚之際，萬杞良被調徵去修萬里長城。丈夫被徵走後長期沒有音信，孟姜女思夫心切，萬里跋涉，到長城工地為丈夫送寒衣。不料丈夫萬杞良早已被繁重的勞役折磨致死。孟姜女悲痛慾絕，放聲悲哭在荒山野嶺的長城旁，誓言要把心愛的杞良找回來，但尋夫不遇，感動上蒼哭倒萬里長城，露白骨無數，卻無法識別。她以自身血滴白骨，若白骨染血必為夫骨。孟姜女滴血尋找，終得夫骨，返回故里，然因傷心過度投海而死。

男女三十六計【男女攻防計】

第十七計：愛情拋磚引玉

愛情「拋磚引玉」是指男女交往中用相反的話語去迷惑、誘騙，讓另一半不知不覺落入圈套，然後乘機甩開另一半。

這些話語乍聽之下四平八穩，卻是包藏玄機，如不仔細體會，絕對是被賣了還不自知，類型如下：

女生的至理名言（括弧內爲她的眞實想法）：

◇我把你當作哥哥。（你讓我想起某部電影裡的某個小丑。）

◇我們的年紀不太般配。（你是個來自侏羅紀的暴龍。）

◇我並非如你所說般吸引男孩。（你是我所見過的最醜的異形。）

◇我現在的生活很複雜。（我不想看到你整天跟辦公室的其他女孩嘻嘻哈哈。）

◇我已經有男朋友了。（我家那隻公狗也比你可愛一萬倍！）

◇我不想跟同事約會。（嘿，夥計，即使你在太陽系以外工作，我也不會跟你約會，更不要說在同一個屋子裡。）

◇不是你的原因，是我自己的原因。（是你自己的原因，不是我的原因。）

◇我把事業放在第一位。（即使我的工作枯燥萬分，也比跟你約會好。）

◇我是獨身主義者。（當然除了你以外，這一條對其他男孩不適用。）

◇讓我們成爲好朋友吧！（別再死纏我了，應該死心了！）

男孩的至理名言（括弧內爲他的眞實想法）

◇我把你當作妹妹。（你眞的讓我想起家中的妹妹。）

◇我們的年紀不太相配。（姊姊，不要開玩笑。）

◇我並非如你所說般吸引女孩。(恐龍妹，別嚇我啦！)
◇我現在的生活很複雜。(你蠢的有夠單純。)
◇我已經有女朋友了。(你回去照鏡子吧！)
◇我不想跟同事約會。(你太醜了。)
◇不是你的原因，是我自己的原因。(你太醜了。)
◇我把事業放在第一位。(你太醜了。)
◇我是獨身主義者。(你太醜了。)
◇讓我們成爲好朋友吧！(你眞是醜的無藥可救了！)

現代男人守則

女友説話時要傾心靜聽，接話自然；不得有聽過就忘之行為。

生生世世的愛情

「一個人只有在戀愛中，才能顯現出耀眼的個性，發揮獨特的魅力。」

屠格涅

佛法談到，人是隨業來受生的。這世當中，有些業是前世所帶來的，有些業則是今世新創。那麼，要如何去判斷哪些業是前世帶來的？哪些業是今世新創的？以男人爲例，有不少異性，跟她見了好多次面，談了好多次話，都不會迸出愛的火苗來，可是有的異性，只見了一次兩次、只談了一兩次話，心裡愛的火苗就蹦出來了，彼此心裡都會思念著對方。這種因緣算不算是前世所帶來的？或許前世他倆就在一起了，可能是夫妻、可能是情侶，可能一生在一起，也可能因爲某種原因，兩人必須分開。於是，只有互相思念著對方，把思念藏在心底。

接下來到了今世，在某種因緣之下，相愛的兩人碰上了，雖然已忘了前世的相愛，但是當兩人相談之後，潛意識中熟悉的影子就跑出來了，表面上雖然不知，然而潛意識已知道她（他）就是所愛的人，於是，那種感覺、那種思念就跑出來了。這種奧妙因緣，算不算是前世所帶來的？那麼當一個人深愛著對方，而對方卻無所感覺；或者，對方是在另一方深深追求幾月、幾年之後，才受到感動，接受了另一方；這些算不算是今世新創的因緣？

戀愛啊！戀愛

「李奎元與劉瑞蓮」

金童玉女這對天上愛侶被玉皇大帝懲罰六世只有夫妻之名，沒有夫妻之實，輪迴投胎輾轉到第七世終於修成結成良緣，共享天倫之樂。

明末崇禎年間，闖王李自成族弟李自心為躲避戰亂遷徙至濟南，於山中領養一棄嬰李奎元。李奎元長大後，讀書用功，可稱之才子。一日突遇一白髮老翁贈圖給他，指明三年後始可開視。三年後，他到洛陽探母舅時，洛陽王家灘有一隱退宰相劉家政，正在為其獨生女劉瑞蓮招親。劉瑞蓮蕙質蘭心，深得父親的寵愛，且由於有才女之名，求親者眾，其父乃設下招親台，擲繡球以招親。此時，奎元正好來到招親台前，好奇觀望，正企頸四顧之際，繡球在冥冥之中像有一隻看不見的手在操弄，恰好飄入奎元懷中，奎元因此成為劉家的東床快婿，後來奎元打開老翁之圖，上面乃寫著前六世的悲劇姻緣，而七世的結局就在奎元和瑞蓮的姻緣，夫妻兩人幸福美滿，白頭到老。

這是典型的「happy ending」大結局，金童玉女本是位階卑微的天上掌管琉璃燈的「青少年」。在中國吃人的禮教之下，我們的「神」已經向上提升變成「不是人」，沒有人的七情六慾不會犯錯，不准談戀愛，不食人間煙火，生活在雲霧飄渺之中。而金童玉女僅是兩眼對望之下稍稍的釋放壓抑已久的仙人性格，但不慎摔破其所掌管的琉璃燈，就被父權權威的玉皇大帝，貶抑到人間「享受」七世夫妻的流離顛沛，但在「仙人」的性格取向下見證「金玉盟」愛情，而這其實是中國的理想愛情最佳的寫照。

現代男人守則

女友犯錯時要引咎自責，自攬黑鍋；不得有連累女友之行為。

男女三十六計【男女攻防計】

第十八計：愛情擒賊擒王

愛情「擒賊擒王」之計，使用的最佳時機是在愛情成熟期，已有走入紅毯另一端的計畫，這時，就必須使用愛情「擒賊擒王」之計，攻陷另一半的心防，捉住另一半父母的心，這樣就能瓦解另一半的整體力量，進入結婚禮堂。

此計中的「王」，指的便是主要矛盾，此問題一解，所有矛盾也就迎刃而解，也就是說此「王」乃是關鍵少數，而在愛情路上，除了擄獲另一半的心意外，其關鍵少數幾乎就是父母的同意，除了本身父母之外，還有岳家父母。

俗云：「丈母娘看女婿，越看越有趣」，但是這個女婿不知下了多少的苦工啊！

浪漫愛情交響樂

「愛情就像是一朵生長在懸崖邊緣的花，想要採擷它，就要有勇氣！」

莎士比亞

在愛情的競技場內，能赤手空拳對抗殘酷的噬人愛情野獸，憑藉的是什麼？什麼能在愛情戰爭中能無往不利、百戰皆捷？答案就是「浪漫主義」！

「浪漫」一詞成為家喻戶曉的概念始於英國。自法國大革命以來，整個歐洲陷於戰亂紛擾，各種愛情故事、藝術學說及個人主義於是萌芽。這時代背景成長的青年都嚮往自由及自我主張，憧憬古希臘，追求自由及開放的民主風氣。加上當時流行的古典主義過份概念化的形式令人無法忍受，於是青年學者開始反抗古典主義，有人則投注現實於現實的動人事件，並將此感動提昇為想像的世界，這種風潮便稱為浪漫主義。

浪漫主義特別著重誇大、渲染以及違背常理，挑戰嚴肅理性的人生觀。浪漫時代看重精神的奧秘層面高過一切，相信人的直覺、想像力及創造力，可以彌補經驗之不足、洞察不可見之事物，無法容忍「理性」對人性的不信賴，理性主義篤信唯有藉理性教育，方能使人接近道德的完美，以及理性造成的善惡截然二分，故浪漫的觀點是善惡相容，因為這樣才能解脫理性約束，創造活力。

戀愛啊！戀愛

男生動情快，忘情也快，愛戀時的悲傷，最後總是留給女生自己

女人記得讓她笑的男人；男人記得讓他哭的女人。

但是，

女人總是留在讓她哭的男人身邊，

男人卻留在讓他笑的女人那裡。

這個理論基本上成立，也多有輔例證明，但是，其中究竟是什麼道理？

因為，男生其實比女生浪漫。

相對之下，女生顯得較現實。倘若感情無慮，女生通常安於現狀，不會有太多雜念，然而，一旦愛情出現裂痕，那麼女生往往會不自覺回想起曾經的溫情，回想起當初的暖意，在如此「浪漫vs.現實」的比對裡，是否可以解釋第一則邏輯？！所以——

女人在哭的時候，總記得讓她笑的男人，

男人在笑的時候，卻想起讓他哭的女人。

一般人總以為女生多情男生薄倖，這樣的主觀偏見，似乎一下子就被輕易推翻！其實，不是浪漫，也無關現實，而是天真與理性。天真的女性以為永恆真情最後必能感動男性，所以，即使感情困頓也會留在他的身邊，希望這一份執著無悔，能感化薄情的郎君，掙得成功的愛情。

而男生應該是理性而平和的，過日子不能只靠燦爛愛情，因此選擇能快樂共度的女生，沒有大風大雨，一起積極開發未來，才是上策。

於是，女人即使肝腸寸斷，卻總留在讓她哭的男人身邊；男人則是聰明地留在讓他笑的女人那裡。

男女三十六計【男生混蛋計】

第十九計：愛情釜底抽薪

愛情「釜底抽薪」適用於愛情發生矛盾、男女發生爭吵、夫妻之間起了衝突之時，「釜底抽薪」指的是從沸騰的鍋底，抽走使之持續沸騰的薪火，讓鍋中之水慢慢的冷卻，比喻從根本上解決問題。

切斷爭吵的來源，破壞爭吵所依靠的條件，讓爭吵成爲無意義，自然就不會發生衝突，男女之間就容易平安相處、甜蜜相依。運用此計需要注意到：

◇先治其本

事情的發生都有「表面（標）」及「根本（本）」兩方面。要徹底解決問題，就應當先治本治標。例如，男女每次都在約會時鬥嘴，鬥嘴的原因都是男方遲到，如果你是男生，想珍惜這段因緣，就應探討自己遲到的原因，塞車、工作、習慣……等，找出來並改正；如果你是女孩子，也喜歡這個大男生，就應該檢討為何討厭他遲到，是自己小心眼、大牌、耍脾氣，還是……另有原因，想珍惜男女這段難得情誼的人，應該要將為了遲到鬥嘴的「薪」抽掉，這樣雙方就沒有爭吵的來源，也自然不會吵架。

◇去其所恃

世界上事情的發生必有原因，環環相扣，男女感情上更是如此，感情絕對不是單向的，而是一個互動結果的呈現，所以如果發生感情糾紛或是懷疑另一半有異狀時，必然有隱藏不為人知的原因。

這原因就是發生感情問題的源頭，所以如消滅這原因，感情問題自然消亡。如男友最近為何疏遠我，原因眾多，可能是父母壓力、可能是喜新厭舊、可能是升學壓力……等，要耐著性子，慢慢的抽絲剝繭，將所依恃的原因找出，去其所恃，徹底釜底抽薪，這樣就可以根本解決愛情的危機。

愛情浪子

「希望被愛的人，要先去愛別人，而且要先讓自己變可愛！」

富蘭克林

《笑傲江湖》中的令狐沖是華山派的首席大弟子，肩負起華山派門戶興衰、傳承傳統及捍衛門風的重責大任，但不拘小節、貪飲小杯、大喜大悲的性情促成江湖浪人的命運，個性與傳統相違背，感情與現實相衝突的浪漫情懷在令狐沖這角色上表露無疑。其與小師妹岳靈珊從小青梅竹馬充滿無限憐惜之愛，但小師妹卻以父兄之愛來看待，當林平之出現之後，傳統的感情破滅，但卻是成長的開始，浪漫的個性讓令狐沖在大悲後絕望後轉移至任盈盈身上，並以名門正派之後爲魔教兩肋插刀，爭取自己認爲的眞理、正義以及愛情。這是典型的「浪子」，更是標準的「愛情浪子」。

在現實愛情戰場中，充滿浪漫主義的「浪子」橫貫其中，這位浪子可以轉換成各種角色，有時是衝鋒陷陣的軍人，有時是婀娜多姿的模特兒，也可以是清純可人的大學生，更有可能是充滿感性的藝術家，這群人挑戰了嚴肅、客觀、理性的人生觀，注重精神層次的奧秘高過一切，相信人的直觀、想像力及創造力，可以彌補經驗之不足、洞察不可見之事物，是非常「自我」中心的無可救藥的浪漫主義者。

認爲當前追求的愛情就是人生的全部，不在乎世俗的眼光、評價以及傳統道德的束縛，不以理性思考、客觀評量來論定當前愛情的價值，而以釋放生命的熱量來體會愛情的眞諦，以自我爲太陽來照亮圍繞在其周圍的愛情行星，不管其脫離軌道會是流星雨來襲，都以太陽的柔和及熱情的威力加以包容而融合，儘管黑洞就在旁邊或是行星即將大爆炸，以直觀的性情來面臨這一變故，將是大悲的開始，但就像是浴火鳳凰重生，大滅絕等於大進化，大悲後就是大喜的來臨，浪漫就是生命。

戀愛啊！戀愛

金幣的故事——無私的奉獻，大捨大得

很久很久以前，有個很可愛的女孩，不幸的是，她父母雙亡，而且家徒四壁，屋裡除了一張可供歇息的床以外，就別無長物了。除此之外，她全身上下只剩下身上所穿的衣裳，還有一片好心人施捨給她的麵包而已。

小姑娘是個心地善良、信心堅定的好女孩。不論境遇有多麼淒慘不幸，她仍然深信，慈愛的上帝會默默地庇護著她。有一天，她隻身上原野上去玩。她走著走著，忽然遇到一個衣衫襤褸的男子。他向女孩哀求道：「求求你！施捨一點東西給我這個可憐人吧！我實在是餓得快要受不了了啊！」聽到這話，女孩便把自己僅有的那片麵包拿出來，說道：「這是上帝的恩典喔！」說完後，女孩就繼續上路了。

走了一會兒，路旁突然出現了一個啜泣不已的男孩。

「嗚……我的頭好冷呀！就快凍僵了！你能不能施捨一點可以讓我擋風的東西啊！」

女孩便把自己頭上那頂帽子脫了下來，為男孩戴上。

走了不久，她又碰到一個小孩。那孩子沒有穿棉背心，冷得直打哆嗦。於是，好心的女孩便把

自己的背心送給那個小孩。她繼續往前走，突然又遇見另一個小孩，她再次答應對方的乞求，把上衣施捨給他。

女孩再往前走，走進森林裡。林深日盡，四周一下子變暗了起來。這時，又出現一個可憐的小女孩，央求女孩把內衣脫給她。

這個時候，真誠又善良的女孩想：

「現在天色已經暗下來了，任誰也看不清楚我的模樣，就算脫掉內衣，應該無所謂吧！」

因此，女孩脫下了內衣，送給乞討的女孩。

這個時候的女孩，真的是渾身赤裸、再無他物了。忽然間，天上閃爍的星星紛紛墜落，落在女孩的面前，它們都化成了閃亮耀眼的金幣！原先一絲不掛的女孩，不知什麼時候，竟裹上了一套細緻、上等的亞麻衫！

於是，這個好心的女孩，把金幣撿回家，從此過著富足、快樂的生活。

男女三十六計【男生混蛋計】

第二十計：愛情混水摸魚

愛情「混水摸魚」計是趁亂取勝的意思。趁情人內心混亂之際，利用其力量虛弱而無主見時，將其心思引導成我的主見，讓其追隨我方意志，就像人到了夜晚一定要休息一樣。這是趁混亂之機獲得本不該有的利益，便是愛情亂中取勝的計謀。

這個計謀用在想偷對方的心的無邪男女，獲得歡心的方法甚多，但是其中較好的方法之一，就是愛情混水摸魚之計，施行此計可以輕易達到目的，而且代價也較小。因爲男女之間混亂的場面及時機不是常見的，所以一但碰上，就要充分的利用。

「混水」是運用此計的必要條件。在愛情海中，「混水」的情況大約有兩種：一是「水」本來就渾濁，也就是說，當另一方出現無法解決的難題或是需要援助時，或是對方發生自我矛盾時，這時候都可以「亂而取之」的好時機。二是「水」本來很清澈，我刻意將水攪混，然後去摸魚。但是這種機會不多、成功機率也較小。

現代男人守則

女友生氣時要跪地求饒，懇求開恩；不得有不理不睬之行為。

一見鍾情的虛幻

「真正懂得愛的人，不會去計較誰愛得多、誰愛得少，他會將全部都獻給他愛的人。」

羅曼・羅蘭

「一見鍾情」是愛情浪漫主義的濫觴，也是一個美麗的詞彙。它用來形容一對男女在第一次見面時於剎那間所產生的傾慕愉悅的感覺，這是一種十足的浪漫情懷，是一種震撼心靈的感情經歷。所以，一見鍾情的浪漫故事是古今中外的許多文藝作品表現的對象。

現實生活中，男女雙方因「一見鍾情」而結婚，且能美滿幸福、白頭偕老者眞是少之又少。實際上，男女之間能「一見」而「鍾情」者是不多見的。第一次見面就頓生愛慕而產生感情的火花，也就是人們常說的來電，那是需要很多條件的。我認爲最重要的就是需要雙方都「來電」，如果只一方面「來電」，那只能叫「一廂情願」，或叫「剃頭挑子一頭熱」，構不成能衍生一段浪漫故事的「一見鍾情」。人們通常所說的一見鍾情多是被對方的外貌舉止所吸引，而兩情相悅以至終生相守，不單純地取決於外在的因素（儘管外在因素對婚姻來說也很重要）。人與人之間的感情多數情況下是需要培養的，培養出的感情雖然缺少了一見鍾情的浪漫，但卻可以信賴。人們對自己所仰慕的一見鍾情的對象會不知不覺過於客氣禮貌，接下來的交往中也會格外地小心和謹慎，且會下意識地投其所好，常會有一些表演的成份，如此往往是將一個虛假的自我表現給對方，一旦進入婚姻，誰還能日復一日、年復一年地表演呢？愛情需要浪漫更需要眞實。結婚是兩個背景、經歷等等方面原本截然不同的人的結合，他們要無保留地將自己的終生托付給對方，這種結合的幸福僅僅靠外在因素的吸引是難以長久的，它需要更多的內在的因素，諸如彼此的修養、性格、志趣等等，而這些內在因素的契合則是需要假以時日的。

戀愛啊！戀愛

愛的道理

丈夫：「為什麼上帝把女人造得美麗而又愚蠢呢？」

妻子：「道理非常簡單。把我們造得美麗，你們才會愛我們卻把我們造得愚蠢，我們才會愛你們。」

現代男人守則

女友打我時要任其左右，盡其蹂躪；不得有還手瞪眼之行為。

男女三十六計【男生混蛋計】

第二十一計：愛情金蟬脫殼

愛情「金蟬脫殼」之計，最適用於男女分手之時，或是心未定，腳踏兩條船之時的最佳計謀。運用此計，關鍵在於「脫」字訣。面對不一樣的狀況、不一樣的男女，「脫」的方法也就不一樣。「脫」一般指的是：麻煩擺脫、愛情逃脫、無情甩脫、壓力掙脫。

運用愛情「金蟬脫殼」之計一定要選好時機。一方面，「脫殼」不能過早，過早容易讓對方察覺有分手的徵兆或是腳踏兩條船之嫌，只要內心考量還有需要對方的時候，就應該繼續苦撐，迫不得已，分手在即、壓力過大，則可「脫殼」而去。

但是另一方面，「脫殼」也不可以過遲，當分手已成定局，或是腳踏雙船已曝光，多停留一分鐘則更危險，應立即切斷聯繫「金蟬脫殼」。此計是一種積極的作爲，不管是停留、撤退或轉移，都應該保持主動，絕對不被對方牽著走，稍有不愼，則會帶來滅頂之災，愼之使用。

悲觀的灰色戀情

「對於男人的甜言蜜語，你相信三分一就好了。」

莫泊桑

浪漫主義相反的極至表現就是悲觀主義。悲觀主義者也在愛情競技場上角逐愛情勝利者的角色，只是他是無法在愛情上有更多的進展，總是處在別人的救濟、同情、懷疑和嘲笑之中，接著陷入灰色境界，天空是灰的、牆壁是灰的、心情是灰的、連小狗也是灰的，接著開始逃避愛情的追逐，並懷疑愛情存在於人的價值。最後否定愛情並釋放依靠愛情約束的道德精神，成爲一個性愛機器，尋求性刺激來滿足潛意識愛情，提倡性愛自由主義，只知道性開放忽略性解放的涵義。

其實當代社會到處都彌漫著濃重的愛情悲觀主義和失範的性愛自由主義。爲了逃避愛情尊嚴上的折磨，沒想到，最終卻陷入了更深的折磨之中，以性愛來救贖自己，就像史蒂芬史匹柏電影「A.I.人工智慧」中的性愛牛仔機器人一般，透過不斷的對眞實人類的性服務，取悅人類，才能肯定自己存在的價值。

然而，失去了愛情的人類，還能在哪裡互相取暖、互相情感交流呢？人是需要愛和被愛的特殊生物，無論你多麼反叛，失意和受挫時，第一需要的肯定是愛的慰藉。愛情悲觀主義者喪失了追求愛情的勇氣，成了慾望的俘虜。只要一次邂逅、一個眼神、一種裝扮、甚至一些微少的錢，就能把愛情的防禦徹底擊潰。最後，愛情成了性，做愛也就成了做性。

愛情悲觀主義者眼中，這個世界普遍重物質而輕感情，即便是美好的性，看來也不過是身體中某種情慾物質的釋放而已。當愛已成往事，當感官被極度推崇，當性被解釋成人類前進的一切動力，感官快樂神話便開始在人們的生活中悄悄登場。最後，什麼力量也無法再壓制要求感官快樂的強烈呼喊了。爲了回應這種呼喊，愛情悲觀主義者不斷地將慾望合法化，不斷地修正自己情感的邏輯，不斷地放低道德要求，並認為這些都是現代人之所以成為現代人的一個基本條件。生存的無能、無力和無奈昭然若揭，即便是在那些貌似平靜的現實碎片背後，情慾的風暴也正在肆無忌憚地襲擊悲觀者的內心，並渴望衝破最後的障礙，如同渴望一次放縱。

無可否認，愛情作為支援我們嚮往詩意生活的基本信念，緩解孤獨的生存焦慮，是大部分人的精神食糧，而人類賴以存在的基礎正受到悲觀宿命論的瓦解，或者說，在悲觀人的眼中神聖的愛情正在消失，代之而起的是一些殘缺的情感，以及永遠無法滿足的情慾。悲觀者試圖用一種放縱慾望的方式來推翻加在自己身上的箝制力量，以求獲得理想中的自由，沒想到，最終走向的卻是深深的厭倦和絕望。

戀愛啊！戀愛

何謂愛

某人：「智者，你説愛的喜劇是什麼？」
智者：「如果你用許多時間、勞力、金錢去愛別人，那就是喜劇。」
某人：「請問，那什麼是悲劇？」
智者：「如果你捨不得時間、勞力和金錢去愛別人，那必然是悲劇。」

現代男人守則

女友撒嬌時要細語呵護，千寵萬哄；不得有空口白話之行為。

男女三十六計【男生混蛋計】

第二十二計：愛情關門捉賊

愛情「關門捉賊」此計中的「賊」指的是愛情目標，該目標的選定人人不同，因為有短程、長程、暫時、永遠……的各種樣式的目標，所以要視目標而定。

男女陽剛溫柔的交會、乾坤陰陽的轉動，不分時期、不論季節，持續的發生可歌可泣的愛情故事，學歷的差異、年齡的異同、環境的不允許，讓愛情的戰場上，常有愛情「關門捉賊」的情況發生。

此計先「關」後「捉」。「關」法數種，有早關、晚關、急關、緩關、明關和暗關。「捉」更有，驚捉、疲捉、右捉、困捉、鬥捉。如組合起來，共有幾百種愛情「關門捉賊」的方法。如要確定哪種「關」法和「捉」法，則要根據敵人的情況和具體環境而定。

虛幻的後現代戀情

「有限度的期待在情人的心裡是甜蜜的。」

歌德

要理解後現代愛情，首先要瞭解現代及原始社會人類的愛情是怎麼產生的。人類最初只有慾望（性），這是原始的性自由時代，誰也不否認愛情來自慾望。隨著文化的產生與發展，赤裸裸的慾望穿起了文化的「衣服」，文明產生了，漸漸有了愛情。愛情是人類社會生活對性的控制與規範的成果，愛情常常是慾望的延宕。慾望／愛情受到社會制度性的規範，這就是婚姻，有婚姻就有家庭。專制時代體現自然人性的愛情被壓制、扭曲、破壞。這時，不但性沒有自由，愛情婚姻也沒有自由。按照佛洛伊德的學說，人類犧牲了性的自由，但換得了文明進步，這一命題的有效性當然不限於古代。愛情的現代性表現爲爭取和獲得愛情的自由，愛情的自由實即性自由的文明形式。現代社會刻意的求眞、善、美，反而壓抑著人類自然本性的發展而成爲現代的機器，現實無法與所學的知識相結合，知識的有限性更突顯出現實環境的無奈及複雜。

當前社會愛情的多元化，男女戀愛關係是充分自由的，以各種面貌展現在大家面前，有原始的、古典的、傳統的、現代的，父系的、母系的，東方的、西方的，同性的、雙性的……等。這種多元就構成了後現代男女愛情的全圖像。

不可否認，無論在任何時空背景，上述各種形式都是現實的存在，但是有的合於禮儀規範有的沒有，有的合乎道德有的不合。當所有這些形式基本上都實際存在，有的雖不具有合法性，但法律難以干涉或法律的寬容度較大，廣義的後現代愛情就逐漸形成。所以後現代愛情的結果是社會形式和實際感情都自由的戀愛與結婚。

狹義的後現代愛情，指的是超越愛情現代性的一種表現。如上文，愛情現代性主要指的是愛情主導性或愛情首要性，成爲愛情的中心或本質，且被視爲一種道德高尚的感情需求，情關係主宰一切。後現代愛情首先顛覆了愛對性的現代性統治，明確的「性愛」常常替代將性隱藏在背後的含蓄的「愛情」。性爭得了主導權，爭得了與愛平等的地位。

後現代愛情關係是充分自由的、人性進一步復歸的愛情。當然，在歐美，後現代愛情也是部分呈現，並非全體，當前社會只是初現苗頭。但這個初現的苗頭已和古代社會中被命名爲淫亂的行爲有了區別，因爲時代不同了，認知的基礎也不同了。後現代的愛情自由，是現代性價值巨大變化過程中產生的，其條件是物質大且豐富、科學高度發達、以及人對自身的認識深化，後現代的愛情是人道主義的個人主義道德進一步發展和提高的結果。

所以，多元化和愛情關係非本質化是後現代愛情兩個重要現象。愛情在這兩個條件下有了高度的自由。傳統愛情重恩愛，現代愛情重愛情，後現代愛情重性愛。

拖夫勒在《第三波》中所強調的「高（純）情感」，就是這種異性之間重性愛的情感。所謂「不求天長地久，只求一時擁有」，或「找個愛我的做愛人」，「找個我愛的做情人」，即是如此。這些不是現代愛情，而是後現代愛情。追求高（純）情感，是後現代愛情的第三個現象。這種高（純）情感，是性與愛高度統一的情感，是最自然的情感，最不帶功利性的情感。然而正是因爲追求高情感，所以天長地久的愛情就不存在了，這是被性愛的本性所決定的，

後現代愛情的第四個現象是性行爲方式的多元化及自由化，即對性慾望實現方式的選擇有完全的個人自由。性在先天本是人類生活本能及傳宗接代的行爲模式，但是在人類後天僞善的包裝之下，爲性披上道德的外衣，更成爲父權體制下強加在女性的貞節牌坊，所以現代社會求眞、善、美，是爲愛而性，以愛爲前提；而後現代愛情注重性與人類本性脫離，爲性脫去道德的大帽子，將「性」與「愛」看成兩個事物，兩件獨立的個體，互不相干。

第五個現象是對傳統道德的顚覆，即對傳統貞操的漠視。性愛的本質是非理性

的，它與理性的道德矛盾。理性也有不同，古代是專制理性；現代是民主理性。民主理性曾經從專制理性要求愛情婚姻自由，後現代愛情則要求更高的自由度。在傳統中，愛情道德最重要的是貞操觀念，現代性愛情打破了這種道德觀念。一九六〇至七〇年代西方的性解放完全摧毀了它。當前社會主動提出離婚者多爲女性，可見女性自身也已打破舊貞操觀念。感情第一，貞操被逐出視野，這是走向後現代愛情的前奏。

上述愛情多元化、非本質化、重性愛、性行爲方式自由化和非貞操化，這五個特點就構成後現代愛情。

男人啊！男人

男孩必修五招術

第一招：知己知彼、認清敵我

認清自己：我的個性怎樣？我有哪些興趣？我的人生觀如何？

認清對象：追求的對象個性怎樣？她有哪些的興趣？她的人生觀如何？價值觀又如何？

認清敵人：她有哪些追求者？其中那個較突出？他的特點在哪裡？

全盤衡量，幾經思索，找出自己的優點，發揚光大，揪出他的弱點，小心不犯，知己知彼，才能百戰百勝。

第二招：不入虎穴、焉得虎子

膽大心細、勇往前衝：認清敵我之後，就要放心大膽，積極展開攻勢，愛她，就要勇敢踏出第一步。

玫瑰香水、電話卡片：每天一通電話，一朵玫瑰花，生日時不忘送個小禮物，譬如，幽香淡淡的香水，附上一張小卡片，溫馨百倍。

第三招：父慈子愛、兄友弟恭

女孩子有時會像個小女孩，需要呵護；有時又像個小媽媽，非常會照顧別人。男孩子不斷扮演慈祥的父親去關愛她，偶爾演小baby，讓她發揮母性的光輝；有時扮個良師益友，有時又扮個大哥哥的角色，在愛的路上一定順暢無比。

第四招：軟硬兼施，恩威並濟

從頭到尾對女孩子百依百順，不見得就好，最聰明的辦法就是要剛柔並用。靈活應用，必可百戰百勝。

第五招：天羅地網、疏而不漏

雖然你追求的對像是她，但請千萬記住，決定權在她，影響力在她家人！所以一定要常去她家走動，上從爺爺奶奶，爸爸媽媽，叔伯姨舅，下至兄弟姐妹，甚至她家養的小狗寵物，表現出你八面玲瓏的本事，打個通關，俗話說「吃人口軟，拿人手短」，在她面前一定幫你說好話，讓她覺得失去你果真會終生遺憾。

現代男人守則

女友熬夜時要點心侍候，不眠不休；不得有先行開溜之行為。

男女三十六計【男生混蛋計】

第二十三計：愛情遠交近攻

愛情「遠交近攻」之計，是當實現愛情目標的企圖，受到地理條件的限制時，先攻取就近的人（愛情目標的親暱友人），而對遠隔的人取得暫時的聯合（愛情目標的親人或朋友）。等攻取了就近之後，再一一擊破所有人的心防。

愛情「遠交近攻」之計都是暫時之計，都是爲了實現愛情目標的企圖，要娶女友，先從丈母娘下手的道理一樣。

在此，弄清楚「遠」和「近」這兩個概念是相當重要的，在此分析愛情的「遠」和「近」涵義。

◇從地理位置

「遠」和「近」的距離，是以愛情目標來測量，並不是以你爲準。

◇從利益關係

「遠」指只能間接獲得較長遠的愛情利益，「近」指近期內可直接獲得的眼前利益。

◇從團體關係

「遠」指的是團體（學校、公司）的外部，「近」指的是團體內部。

◇從影響範圍

「遠」指那些不能直接控制的人或事，「近」指的是可以直接控制的人與事。

第二十四計：愛情假道伐虢

愛情「假道伐虢」之計，是愛情進攻的最佳計謀。此計的「假道」是借路的意思，要接近心中所屬意的女孩時「假道」是非常重要的。「假道」的方式非常的多，例如，借筆記、辦社團，以各種名義接近心中屬意的女同學，然後當她無戒心時則發動愛情攻勢；而在公司內，最常見則是幫忙做事、接送上下班、中午買便當，讓熱心變成愛心，讓關懷變成情懷，這樣愛苗，就會深種在對方的心田之中，慢慢的用不悔愛心灌溉，則當愛情樹長大之時，也就是摘取愛情果實成熟之時。

愛情「假道伐虢」攻勢，心理測驗：

公主被敵國擄爲人質，爲了救出公主，要派出兩位戰士，如果你是國王，你會派出哪兩位戰士？

A劍術高明的勇敢戰士

B破壞力超強的勇敢戰士

C攻擊力雖然低，但是能使傷口復原的魔法戰士

D雖然沒有攻擊力，但可以詳知敵情的機械戰士

解答：

這是在測你禁不起何種愛情攻勢：

【A、B】
你是一個禁不起強硬攻勢的類型只要不斷施展攻勢以引起你的興趣，最後你就會愉快的答應。

【A、C】
你是一個禁不起溫柔攻勢的類型只要在遇到困難時，對你親切的伸出援手的人，你會覺得他充滿光輝。

【A、D】
只要遇上能和你商量重要事情的人，你就打開心扉，無意中，你就會對能認眞和你討論煩惱的人產生愛意。

【B、C】
你是一個無法接受強硬攻勢的類型，自然的從朋友到戀人才是你能接受的。

【B、D】

你是一個禁不起禮物攻勢的人如果常收到高價的禮物，會不知不覺的感到欣喜若狂。

【C、D】

你禁不起消極的攻勢，你常被在你面前不知所措，行爲純眞的人吸引。

你是哪一種戰士呢？

現代男人守則

女友考試時要幫忙讀書，圈畫重點；不得有事不關己之行為。

野蠻的愛情

錦瑟無端五十弦，一弦一柱思華年。莊生曉夢迷蝴蝶，望帝春心托杜鵑。
滄海月明珠有淚，藍田日暖玉生煙。此情可待成追憶，只是當時已惘然。

李商隱

清晨不知名的小鎮中，傳來幽遠的祝福鐘聲，清脆的馬蹄聲從遠處的青石板路上傳了過來，朝著教堂而消失，哥德式教堂中穿梭的紳士淑女們面露微笑的互相致意，可愛的小天使拿著白色蠟燭引導著婚禮中所有人就位，羅曼蒂克的氣氛瀰漫在空氣中，「幸福」從男女緊握的雙手中溜了出來，鮮花、聖壇、白蠟燭、結婚進行曲與幸福的人們，交織成一幅美麗的圖像，宛如仲夏夜之夢。

這眞的只是一場夢，短暫、虛幻、憧憬、浪漫、模糊、亢奮這種感覺瞬間就消失了，就像是戰爭期間短暫的和平。婚前的愛情交往過程就如一場情報戰，婚後的戀愛墳墓更是無止境的衝突、對抗、口角、談判、心戰及永續的男女愛情戰爭。因爲人與人相處不可能有永恆的和諧狀態，如有，一定是兩具沒有感情的行屍走肉。情感充沛的人類，雖有理性的思考作爲處事的準繩，但是絕大部分卻受到感情好惡的主觀控制，慾望就是衝突的來源，佔有即是衝突的表現，漫長的人生路上愛情男女戰爭主導了大部分，只是規模、程度及時間的長短而已。

動物活在這世上的理由之一，就是傳宗接代，雖是愉快的任務、天道的法則，卻充滿肅殺之氣；一隻雄獅子往往有數個雌獅子陪伴，當競爭者闖入地盤挑逗母獅子，殺戮成爲必要手段，戰勝的雄獅子踩著對手的屍骨挺立在陡峭的山巔上，發生嘶吼的雄性叫聲，向地盤範圍內的母獅說：「我是這場戰爭的勝利者，你們必須臣服於我」。身居哺乳動物之王的人類，更是將情愛戰場上的獵殺手段發揮到無法想像，從青少年間男女初嘗愛的禁果開始，無論是對異性或是同性的戰爭就開始了，一直持續到性能力終止。愛情戰爭由「性」而生，也隨「性」而止，而愛情野蠻哲學依此而展開。

男人啊！男人

給男生們看的！

有這樣的女朋友還是蠻幸福的啦！

1.她長得真的不怎麼樣，但你卻覺得她愈看愈順眼，家人朋友也愈來愈同意你的觀點，而且她總是可以和大家處得非常愉快。

2.她的身材不是很好，甚至還有些胖，不過當你抱著她的時後，心裡面卻想著，胖胖的抱起來也很舒服。

3.她常常會和你吵架，但每每吵完之後，你總是會發現自己好像真的有那麼一個壞習慣，只是以前沒感覺。

4.她每天都要你說「我愛妳」，但在情人節時，卻又提醒你那花雖然美但比平常貴三倍，不用去花那冤枉錢。

5.你總覺得她一天到晚嘮叨個不停，但你也發現，你時常忘了去做的事，總是在她嘮叨時提醒了你。

6.你覺得她有時簡直像個男人婆，就是少了一點女孩子應有的溫柔，不過有時你也覺得，她就是有這樣的「男子氣概」你才覺得她很可愛。

7.她在生活上事事都要依賴你，但當你需要意見時，她總可以給你有相當想法的建議。

女人啊！女人

給女生們看的！

什麼樣的男朋友還是值得繼續交往！

1.他不屬於妳十分喜歡的類型，但是他追妳追得很有誠意，而且妳喜歡的類型，交往再多都是失敗的例子。

2.妳有經前症候群，但每次他都有辦法熬過妳的經期風暴，繼續陪伴在妳身邊。

3.你們雖然已經沒有戀愛的感受，但是他確實比妳的老闆照顧你或比妳的父母更關心妳，他永遠在妳苦惱時，站在妳這邊。

4.他沒有妳前任男友的優點，但是他也沒有妳前任男友的缺點，而且他有的優點，很多人都沒有。

5.他有令你仰慕的才華，雖然他不是很懂得照顧妳，但是也不會傷害你，而且妳認為他的才華帶給妳無窮的樂趣。

6.妳對他很挑剔，但是他卻能夠贏得妳朋友、家人甚至上司的欣賞。（特別是那種很看重妳，很怕妳戀愛後怠惰的老闆）。

7.他對你要求很多，但是都很合情合理，而且這些要求對妳有好無壞。

8.他很黏，可是很甜。他很不黏，可是很忠誠。他有點黏但不是很黏，他很體貼地在觀察妳的需要。

現代男人守則

女友訓話時要不時點頭，深表贊同；不得有順口反駁之行為。

男女三十六計【女生無賴計】

第二十五計：愛情偷樑換柱

愛情「偷樑換柱」之計，最適用於有膽色的女生，其使用時機在於欲脫住想要分手的男友，其意思是要暗中抽換男友所有的主力資源，然後乘機加強控制並且吞食男友，使男友唯有依靠妳，無法脫離妳的魔掌。

一間房子的樑柱被偷換，那麼房子就會倒塌；一間公司的總經理突然被撤換，那麼公司必然發生危機。愛情「偷樑換柱」中的樑柱指的是事物的關鍵及要害部分。要控制男人，最直接的方法之一，就是控制其經濟權，男人只要沒錢，各種怪事都做不出來，所以，對付男人最無賴的方法，就是控制其經濟權。

美其名，替男人打理行政工作經濟，讓男人（友）可以全心全意在外打拼，每天打開男人錢包，先檢查有無偷藏私房錢，順便檢查放在皮夾的發票單據，就可察覺其消費習慣及消費地點，而當檢查完畢之後，象徵性的放入微薄的薪資（依其表現給予），然後，用極溫柔的聲音說：「辛苦了」。這樣的愛情「偷樑換柱」，就成功了。

而此計不僅可適用於經濟，更適用於男人的各方面，其中奧妙，惟用心推敲之。

愛情冷戰

如果不能夠成為愛情的征服者，恐怕定會成為愛情的俘虜！

愛情冷戰顧名思義，就是不直接發生言語、肢體的形式上衝突，採取間接的沉默抗議行爲，以抵制、不溝通、暗中陷害、扯後腿、摻沙子各種手段，來破壞對方或迫使對方妥協屈服並受自己的控制。

男女之間的愛情戰爭中冷戰更是如此，當男女之間不管爲了任何原因，爆發愛情衝突結束後，通常會導致愛情冷戰，冷戰結果往往會傷害一段本來美好的愛情。愛情冷戰的形成原因甚多，可能只是因爲一時之氣，一句悔氣的說話，一刻的心不在焉……，但冷戰的持久力，足以影響整個愛戀的過程，令雙方產生嫉妒、甚至憎恨，而其結束的方法不外乎妥協以及愛情的破滅。

語言開展了冷戰的宣言，夫妻也是一樣，只是對話的範圍較爲縮小，這時如有一方妥協、投降、認錯，則冷戰可能迅速結束，但是如果一方接受了威脅，進而推演出自己的邏輯而使冷戰加溫，則愛在冷戰蔓延時則持續開展。

戀愛啊！戀愛

有一對男女在公園散步

男孩：我可不可以抱妳啊？

女孩：……

男孩：喂！親愛的！我可不可以抱妳啊！？

女孩：……

男孩見女友默不作聲，有點生氣，聲音漸轉大聲……

男孩：喂！啊！你是耳背喔！到底可不可以抱妳啦！

女孩終於答話了：啊！你是手殘廢喔？！

男女三十六計【女生無賴計】

第二十六計：愛情指桑罵槐

愛情「指桑罵槐」之計，最適用於發生爭吵時，男人孔武有力，所以女生可以用語言的智慧，警告、示意這犯錯的男人。大抵語言的智慧就是罵人的最高表現。「罵人」可分爲文罵和武罵，「一哭、二鬧、三上吊」是女人公開的秘密。拍桌跺腳、怒目瞪眼屬於武罵，而指桑罵槐則屬於文罵。聰明的女人不做正面的衝突，因爲男人好面子，所以與男人混戰時，應該採間接方式，其態度和情形介於批評與破口大罵之間。指桑罵槐、罵的巧妙、罵的冷靜，讓男人聽了難受，又無法反擊。

在此計中的「桑」，一般指的是：

◇第一個以身試法的人

如認識朋友中最壞的、最無情的、最刻薄的、最先離婚的……等。

◇最惡劣的事

腳踏雙船、打女人、外遇、花心、酗酒、吸煙、大男人……等。

而「槐」一般指的是：

◇男人該罵而不敢罵的事

◇男人該罵而不便罵的事

現代男人守則

女友哭泣時要傳遞面紙，擦淚拭涕，不得有不聞不問之行為。

戀愛轉個彎

遇到可以愛的人，也真正愛過了，就是幸福。

林慶昭

愛情衝突是屬於直接赤裸裸的與對方交兵，無論是情人、愛人或追求的初戀，都是接近肉搏戰的慘烈，稍一不慎就傷人傷己。所以中國自古以來的兵家和政治家都不主張呆打硬攻的直接路線，連蘇軾那樣的大文豪也說：「善戰者，先服其心，次屈其力」，走的是間接路線。「間接路線」是使敵人在精神上和物質上失去平衡之後，再予以攻擊。如果指向敵人所期待的路線而向其直接攻擊，一定得不到滿足與預期效果。

愛情大戰的戰爭目的，關乎著戰爭的「正義」觀點。發動戰爭，最重要的是師出有名，是否爲正義之戰爲其檢驗的標準，戰爭不合乎正義原則，就成爲了侵略、邪惡、黑暗、負面，所以再發動全面性毀滅的愛情戰爭之時，不要輕忽正義的力量，否則即使獲致勝利，也無法獲得別人友善的祝福，甚至被人所唾棄。

何謂「正義」？將兩個字拆開來看，「正」者不偏不斜居其中也，「義」者宜也，合乎事宜合乎一般是非準繩，所以「正義」就是不偏不倚合乎社會道德規範的代名詞，再以愛情兩字加以綜合，所以愛情正義，就是在愛情世界中以現實世界的道德規範爲藍本來構築其正義的本體，就如臺灣當前女人因現實社會提供了兩性平等相處的規範，所以對處理感情糾紛的問題越來越「勇於表現」，也越來越「強勢」，這是合乎當前的準繩的。感覺上，好像以前的女人只能怨嘆紅顏不幸遇見薄情郎；而現在也「敢」如同男性一樣，在媒體上爲自己的「權益」申訴，或是乾脆大家來談判，以示愛意。

戀愛啊！戀愛

韋燕春是明朝人，生於宣德年間，其父為一秀才，燕春出生後不久，其父即逝世，只好與寡母寄居張員外家中，就讀於白雲庵。

十七歲那年的寒食節，燕春出外踏青賞春，於郊外古井旁遇見賈玉珍，兩人一見傾心，宛如天雷勾動地火，認定對方是自己唯一的愛，乃互相交換信物，私定終身，並相約當夜於藍橋見面談心。

當夜，燕春趁著月色，悄悄來到藍橋只見月色姣好，緣水長流，但天有不測風雲，突然烏雲密布，雷電交加、風雨無情，燕春為等心愛的人，不肯驟然離去，但此時的河水已經開始暴漲，燕春更是執意等待，緊抓橋柱不走，而在上天的惡意捉弄下，水淹燕春，魂斷藍橋，其死時手猶緊抱橋柱不放。

頓時風退雨止，車輪明月復現，風雨俱停，玉珍匆匆趕至藍橋，卻發現燕春溺死橋下，感於伊人信守不渝，亦痛伊人為她而死，自思義無偷生之理，乃一同殉情投水自盡，香殞玉消隨燕春而去，其幽怨柔美可想而知。

這是中國版的「魂斷藍橋」，更是現代愛情男女的樣板，尤其是一見鍾情互認對方為「真命天子」或「天命聖女」者，其心中容不下對方有任何損傷不管是對你或對自己，彼此自認不能辜負對方，愛情的虛幻成為現實的影像，自己與對方結合而為一體，所以當對方生命到達終點站時，自己也會跟著上車。

男女三十六計【女生無賴計】

第二十七計：愛情假癡不癲

愛情「假癡不癲」之計，施用時機頗多，如可用於察覺男人有腳踏雙船或是外遇時，此計重點在一個「假」字。「假」的意思是偽裝。裝聾作啞，軟弱忍讓，使男人放鬆警惕。等時機成熟，再出奇不意地向男人發起進攻，男人猝不及防，其必然姦情曝露。

所以此計多在蓄而待發之際，面對難關使用。實施此計關鍵在於「假痴」，「假痴」有多種形式的表現：

◇假作不知

◇假作不爲

◇假作不懂

◇假作不管

◇假作不能

僅做到「假痴」是不夠的，同時要做到「不癲」，即不走火入魔，否則「假痴」變成了「眞痴」，假戲眞做，那就完全失敗了。

至於女生施用本計時特別須注意：

◇大智若愚

在環境不利我的情況之下，男人有出軌的跡象，可以採取裝瘋賣傻、裝聾作啞的辦法。表面上與世無爭，不知男人在外胡天胡地，給男人留下懦弱無能的印象，但是實際上卻精明無比，一切了然於胸。

◇深藏若虛

把內心對男人的想法深深的隱藏起來，僞裝的什麼都不知，地球照舊旋轉。等時機成熟，給出軌男人致命的一擊。

現代男人守則

女友臨幸時要予取予求，持之以恆；不得有力不從心之行為。

戀愛不難

美滿的婚姻，雙方必須要有完全平等的感情，必須不干涉雙方的自由，必須保持雙方身心上的親密友誼，有相似的價值標準。如果具備這些條件，我相信婚姻是男女之間最美好最重要的關係。

羅素

大文豪哥德說過：「我們是自己的魔鬼，我們將自己逐出我們的天堂。」夫妻男女之間相處如果單靠一方來維持，或是以爲都是另一半的錯誤，那麼就是在建造自己的地獄，將自己逐出夫妻的天堂。

「浪漫的確可以激起短暫的激情，凝視卻可以獲致永恆的智慧。」熱戀時，雙方的缺點在情人彼此眼中都化成一絲絲優美的浪漫樂章，短暫的激情在結婚進行曲的催促下，激化成結婚的動力。男男女女通過一番熱戀之後，就步入結婚禮堂，交換戒指、互相親吻之後，成爲了「夫妻」。結了婚，大家彼此都自然對待，慢慢地，日子由原來的濃酒變爲白開水一般，少了浪漫因素的激發，沒有了往日的濃情密意，漸漸成爲「老公老婆」，而蘊育出了戰爭基因及戰爭的種能！

夫妻之間，自來以開誠相待爲美德，可是，彼此互相摸底之後，才發現你我都並非那麼理想。於是再進行婚後的「第二次戀愛」，重新去適應對方。可又發現，沒有了以前的滋味。海德格說：「意義總是在破損時才能顯現」。當發現彼此充滿了差異，我是左手你是右手但卻充滿了不協調，對方不是那麼完滿及浪漫，這時可不能因爲瞭解而分開，應該是因瞭解差異後而開始協奏曲的浪漫樂章，進入了婚姻的理性時代。

康德的一句話：「美是理性的感性顯現」。追求最多數最大的幸福爲理性男女的本能，在理性人的心靈中情感就如經濟支出一般都有個情感銀行戶頭。就像銀行戶頭一樣，它會有存款與取款。如果經常在情人戶頭中存款，戶頭的款項愈多，你們的關係愈穩固。即使偶爾因自私或不夠體貼而支款，你也不至於因此透支。如果戶頭款項很低，每次的衝突將會擴大其嚴重性。信任和欣賞的準備金一旦陷入負債狀態，我們不斷透支的話，感情或婚姻會被推入破產邊緣。成功的婚姻祕訣是，充滿你情人的情感銀行戶頭，直到它滿足體貼，使它的資產遠超負債，你就會享受到豐富的愛心，醉人的親密，滿溢的信任。這個情感銀行戶頭爲男女關係中最重要的概念。懂得在對方情感銀行經常存款，避免支款，是男女成功相處關係的最佳利器。

從唐玄宗寵愛楊貴妃後的奢侈與他以前的節儉相比，可以充分看出他對楊貴妃愛之深，他在即位後曾這樣下詔說：「宮中凡是豪華的車轎和金銀玩器必須銷毀，作爲軍隊的一部分資費；珍珠、美玉、錦繡之類，都集中到殿前燒毀。凡是皇后、妃子以下的宮人，不能穿用錦繡衣服，更不能裝飾珠玉。」由於提倡艱苦樸素，這樣就改變了武則天以來的奢侈之風。然而，自從愛上貴妃以後，他就食言而肥了，開始對楊玉環存款了。

爲了博得貴妃的歡喜，他帶頭破壞了自己率先倡導的勤儉之風。皇帝爲何被貴妃迷得不亦樂乎呢？還不就是因爲她有「回眸一笑百媚生，六宮粉黛失顏色」的傾國容顏。除此之外，楊氏還有以下文藝修養：「善歌舞，邃曉音律，且智算警穎，迎意輒悟。」爲了將貴妃打扮得更漂亮，專爲她縫制衣服的人就有七百餘人，爲她織錦刺繡的人、製造金銀首飾的人也有幾百。貴妃的衣服首飾，日新月異，流行世間，無人能比。

貴妃愛吃荔枝，唐玄宗就命令車馬晝夜不停地侍候。「一騎紅塵妃子笑，無人知是荔枝來。」這是皇帝男兒爲楊貴妃存款最絕的一處。奔波數千里，不知死了多少運送者，才保證了鮮荔枝的如期而至，以博得貴妃的一笑。

唐玄宗不惜動用一切資源只爲了討自己心愛的人歡喜，讓楊貴妃與大小周後覺得被照顧的無微不至，而且揣摩其心思，不拂其意，對一個女人來說，她非常好面子。

你即使對了，如果她要堅持你是錯的，請你也不要爭了。因爲這不但不會有結果，而且你會在家中作更多的活。有句演講詞說的很妙：「一個沒有錯誤而又要承認錯誤的人，那他一定是一個結了婚的男人」。語重心長，望天下男人共同體會深意。

男人都有自己的事業，事業是男人的第一生命。在他們奮鬥的過程中，肯定有很多艱辛、苦悶與挫折。一位善解人意的妻子則會及時給他以安慰，讓他感到家庭生活的溫暖與振奮。男人有一副「兼愛」、「捨我其誰」的雄性沙文主義，父母、家庭、姐妹的責任都需要自己扛。凡此種種，都需要妻子的理解與支援。

戀愛啊！戀愛

獅子座的溫暖太陽（筆者的愛妻）

「老公，出門前不要忘記架子上的麵包、錢包、手錶、手機及學校的運動服」，老婆的再三叮嚀，已成為溫暖的咒語，雖是日復一日，但天天領略卻是滋味不同，也使得迷糊的我不用到了學校之後手足無措，打開公事包裡面是萬事具備。

乍聽之下我親愛的老婆好像溫柔婉約待在家中照顧老小的賢妻良母，但事實不然，她是台灣一家造紙公司關係企業中的貿易部經理，在公司她處事精明幹練、面面俱到、獨當一面，巾幗不讓鬚眉，績效總比男性主管還要好一點，人緣也不錯，是一位家庭與事業兼顧的標準現代女性，完美都不足以形容我老婆。

而我以前是一位職業軍官，錢少、事多、離家遠，很少能幫老婆處理家中瑣事，更何況照顧小孩，雖暫時進修，能淺嘗家庭溫暖，但是回到家中沒有一樣能幫上忙的，因為全在老婆的掌握當中，我也落的清閑．她雖掌握了一切，卻很注意他人對她的評價，掌聲是她的生命，讚美是她的動力，在她的人生舞臺上她用盡了全力去揮灑，並勾勒出了一個星系。我的她就像太陽，溫暖了她周遭的所有人，卻不斷的燃燒自己，雖能量會用盡，但卻無怨無悔。我、女兒、雙親、及其兄弟姊妹朋友，就像九大行星圍繞著她旋轉，沒有她，我們的生命必然黯淡無光，而我的生命也必隨著太陽能量的耗盡而凋零。

現代男人守則

女友不要時要淚往肚流，自行解決；不得有金錢買賣之行為。

男女三十六計【女生無賴計】

第二十八計：愛情上屋抽梯

愛情「上屋抽梯」之計，此計原意是誘人爬上高樓，然後搬走唯一的梯子，使其進退無路，只好束手就擒。用在愛情對象上，是一個積極的計謀，是設法讓打擊對象落入圈套，然後斷其後路，束手投降。

引誘情敵「上屋」，是實施此計的關鍵，一般來說，會被引誘而落入圈套的對象，大概有四種：

◇貪而不知其害

◇愚而不知其變

◇急躁而盲動

◇矯情而輕敵者

如果你的情敵不是屬於這四種，恐怕難以成功。

在「抽梯」之前要「置梯」。「置梯」的方法有兩種：

◇示之以利

用一些對方希望得到之利益引誘之。

◇示之以弱

欺軟怕硬、欺善怕惡是人的劣根性，佯裝弱小，情敵則會肆無忌憚的前來，這時就會進入我所佈置的口袋中。

「抽梯」則要快捷，並要有技巧。有下列數種，使用時機則依當時環境而定：

◇明抽與暗抽

◇及抽與緩抽

◇實抽與虛抽

智慧的戀情

女人不肯原諒男人的過失；對於她們自己的過失，她們同樣不原諒男人！

人生錯綜複雜，我們都有可能偶爾失控，傷害了情人、配偶。避免情感銀行戶頭透支的最有效辦法是：平常多多存款，多說感激欣賞的話，多作體貼關懷的行動。距離的遙遠，眞的是造成彼此情感不能維繫的眞正主因嗎？我認爲那只不過是一般人拿來塘塞的藉口，若眞的如此，爲何仍有那麼多每天相處在一起的人面臨分手的命運。

適當的分離，以便給對方美化昇華的機會。愛情一旦產生後，就要精心地加以維護，至於新奇的魅力，只是曇花一現而已。初戀的時候，男女雙方都能從對方身上發現許多新奇的東西。童年時代的回憶、甜蜜的歌聲、娓娓動聽的故事、情人的溫存，都能使初戀的日子異常甜美。日久天長，先前動人的故事講完了，夫妻之間的新奇感不多了，隨之而來的是對愛情的考驗。

有一個很有趣的現象：在餐廳中，如果你仔細觀察桌旁一對對沉默不語的夫婦，你會發現他們沉默的時間和他們在一起生活的時間往往成正比。夫妻之間不正常的沉默是缺乏智慧的結果。智慧體現在愛情之中，這就是說，要不斷用新的因素來充實和維持愛情。

第一、夫妻之間，應該自然，切忌做作。矯揉造作既不給人美感又不能持久。明智的夫婦都力求使對方保持自然狀態。既然你選擇了對方，就應該讓對方保持自己的個性，發揮自己的特長。

第二、男方要瞭解女方的心理特點，要瞭解感情在她們心中所佔的比重。女人比男人更容易受情緒的支配。她們的感情細膩，又極爲敏銳。與妻子的小衝突常常要靠溫存、沉默和忍耐去解決，說理往往無濟於事。如果男方老是計較女方的情緒波動和日常瑣事，勢必會造成夫妻不和。氣量大是愛情生活中不可缺少的氣質，男方尤其應該如此。

第三、夫妻之間應該相敬如賓。夫妻之間的尊重，必要的禮節，不能和虛情假義同日而語，這和保持自然的狀態也不矛盾。

第四、保持幽默感和浪漫色彩。

第五、適當的分離，以便給對方美化昇華的機會。

第六、夫妻間要互相信任。可以說，沒有信任，就沒有愛情。

第七、夫妻間應該有必要的正常溝通管道，但不宜激烈爭執。溝通目的是要通過波動使感情進一步融洽起來，卻不可傷害對方的感情。

第八、夫妻之間要相互體貼並善於體貼。經常交流思想，互敬互愛。

女人啊！女人

女孩必修五招術

第一招：眼大心細、明察秋毫

女孩子選對象，首先要把眼睛睜大，心要細，想清楚，看清楚自己的理想對象是哪一類型的，是溫文儒雅？還是豪邁粗獷？是機智幽默？還是忠厚老實？是活潑外向？還是穩重內斂？徹頭徹尾做一番考量，謹慎選擇所愛，然後放心大膽去愛。

第二招：欲擒故縱、聲東擊西

有些男孩子比較含蓄，不容易表達自己的感情，這時候如果女孩子過於主動，恐怕會嚇壞他，倒不如旁敲側擊，先和他們打成一片·表現出自己美好真誠的一面，不但可由他朋友口中得知他的一切，同時他可以瞭解你，進而主動追求你！

第三招：輕聲細語、秋波微送

普遍來說，男孩子都喜歡溫柔可人的女孩，所以一旦你欣賞某個男孩子，切勿忘記女孩子最好的武器「微笑」和「愛的眼神」。適時適地交互運用，即使，他是一座冰山，也會因你而化為暖暖溫泉。

第四招：裝蒜賣傻、引君入甕

大部分男孩子無法忍受比他還強的女朋友，覺得頗損他男性尊嚴。所以呢？有時候裝傻一下，故作無知狀，滿足一下他「愛護弱小動物」的本能，許多事他自然會幫你做得好好的，不但你省了事，還提升他的重要性，可說是一舉兩得。

第五招：睜一隻眼、閉一隻眼

在擁有一個適合自己的男友之後，兩人的心境及生活習慣都會有所改變，這是必然的現象，只要調配得當，凡事就不必斤斤計較，有時睜一隻眼，閉一隻眼，大事化小，小事化無，退一步海闊天空。

現代男人守則

女友審問時要發誓賭咒，以表忠誠；不得有漫不經心之行為。

男女三十六計【女生無賴計】

第二十九計：愛情樹上開花

愛情「樹上開花」，原是指樹上本來沒有花，但可以借用假花點綴在上面，讓人眞假難辨。此計用在愛情上，是指當自己的力量薄弱時，可以借別人的勢力或某種因素，使自己看起來強大，以此虛張聲勢，懾服情人，使她對你傾心。

在愛情生活中，常常有類似情形發生，如男生借跑車炫耀，博取女友歡心，丈夫藉晚歸以顯示其工作的忙碌……等，這些現象不勝枚舉。

但是眞實的愛情卻需要樹上開花來點綴，因爲生活上的語言如果太眞實，簡直就是地獄，生活是需要修飾的、生活是需要美化的，愛情的世界更是如此，因爲在愛情幻境當中，情人眼中出西施，男女雙方都會爲對方編織一套美麗的謊言來欺騙自己。所以愛情「樹上開花」之計，是一個美麗之計、謊言之計，人人喜歡之計。

愛情契約

女人的青春，開始於穿不下胸罩之時；結束於穿不下裙子之際。

「契約」的概念中外都淵源甚久，我國從商朝以來就有明顯大型的商業行爲，並且以文字來規範彼此雙方的行爲，如一方違背此行爲，則遭受處罰或是被當時社會所唾棄。

所以「契約」的行爲從個人到國家每天都在發生，從人類的成長經驗中可以得知，大部分人小時候無論經濟狀況如何？幾乎都是生長在父母構築的象牙塔中，直到戀愛結婚，男女才脫離被保護階段邁入現實的社會，戀愛階段雙方更是抽離現實因素，以抽象概念來互相交往，愛情無敵，戀愛萬歲。結婚之後，恍若金童玉女被玉皇大帝貶下凡塵，柴米油鹽醬醋茶一湧而上，如沒有心理準備，恐怕婚姻馬上出現狀況，所以雙方對於婚姻應該先有比較合理的認知，就是它不是一件一輩子不會改變的事，而是一段一段、動態平衡的微妙關係，換言之，它勢必會有起伏、出狀況，雙方應該一邊走一邊學習、修正，相互揣摩出最好的相處之道。

與其認定「婚姻是一輩子的事」，不如有一點危機意識，以「定期打契約」的想法互動，愈想延續這份契約，就會愈努力的經營。具體來講，哪些是親密關係中的「利多」呢？鑽石、鮮花、燭光晚餐算嗎？這些「儀式行爲」確實有其正面意義，對大部分的人都頗爲受用，不過，它不一定得是昂貴的物品，對有些人而言，每天出門前的擁抱或親吻、睡前的談心時刻，或設計一個獨特的周年慶等，就已經夠窩心的了。

拘謹的中國人不習慣「甜言蜜語」，有時甚至會貶抑太會說好聽話的人，然而，親密關係中，甜言蜜語比起不經修飾的語言，確實好上太多。舉例來說，「我需要你」、「我需要你溫暖的擁抱」，絕對比「你爲什麼不常陪我」、「你爲什麼不理我」

更能加分。

把自己照顧好，也是在創造兩人世界中的利多。因爲，自己若能獨立、有自信，有足夠的抗壓能力（特別是來自職場或家庭外的壓力），就不會把無謂的情緒轉移到對方身上，對方也會覺得好，簡言之，千萬不要認爲「只有對方對我好，我才會好」，而是「我自己好，對方也會好」。

再來談談親密關係中的「利空」。最大的利空就是經常負面性的批評，而且是「全面否定」式的情緒性言論，例如，「你從來都不努力」、「你永遠都成功不了」，這種把對方全盤抹殺的言語，殺傷力最強。

第二類利空，就是認爲問題出在對方身上，一再要求對方改變，要從兩人是一個「系統」的觀點來看問題。而且，當對方有正向改變或回應時，應該立即給予回饋鼓勵，而不是馬上再設定下一個要他改變的目標。

第三類利空，已知親密關係出了問題，卻放棄而不面對，如果不做任何努力，問題只會惡化，不可能好轉。因此，每天儘量花十到廿分鐘，不帶情緒地討論事情，是有必要的。

每一對親密關係的雙方，都應該協調出一套最適合兩人相處的模式，而不是硬要和某某人一樣。雙方不妨互相問問，結婚前對婚姻有何期待？現在對婚姻又有何感受？要記得，「此時此刻」是最重要的，「現在」的所作所爲才是兩人有沒有「未來」的關鍵。

契約，是雙方針對協議內容所訂定的約定，可用文字呈現，也可用口頭表述。婚姻是男女雙方經過一段相知相惜的交往，決定要生活在一起，共同建立幸福的家庭。雖經過法定程序，取得法定的關係，但對未來的婚姻生活卻未必有明確的協議或約定。筆者擬一份「愛情契約書」，讓天下痴情男女共用之。

戀愛啊！戀愛

愛情契約書

愛情的確是張契約，責任是你愛我，義務是我愛你，忠貞不渝是約束力，相伴到老是有效期。

內容：

一、雙方來自社會的兩端，為了一個共同的目標走到一起，為的是共同努力，創造一份和諧幸福，溫馨甜蜜，以使雙方及其受益人（父母，子女）獲得一種最佳生存方式。

二、男女雙方共同投資，自主經營，自負盈虧，共擔風險，利益共用。雙方必須經常注入新的資金，以維持這份合約的正常運行。投資比例由雙方協商自行確定，且可做不定期變更。投資比例與控股權無必然聯繫。

三、雙方工作性質屬創造性，其工作具有不可重複性。成果先天具有不可仿造、模擬及盜版性。許多年前，義大利著名畫家就此神奇現象發出了慨嘆：世界上沒有兩個完全一樣的雞蛋，也沒有兩個完全一樣的愛情故事。由此，本契約鄭重聲明：如擅自仿制本契約簽約人工作成果者，後果自負。

四、生產原料：信任，關愛，理解，溫存，責任，金錢。

產品：甜蜜，和諧，溫馨，舒適，歡樂，穩定。

而且要形成產銷自動化。

五、隨著環保意識的增強，基於愛情這種一次性消費品可能對簽約雙方造成污染和傷害，特提請甲乙雙方對此保持高度重視，並積極投身到「綠色愛情工程」中來。

違約說明：

一、一方因某一原因（不管原因多麼的不成立）與另一方發生矛盾糾紛，以及由此引發的一系列行為，另一方應保持最大限度的克制和寬容。無論事態發展如何，最後結局必須是化干戈為玉帛。否則雙方均按違約論，個承擔責任之一半。

二、本契約適用範圍只限於締約雙方，絕不能有第三者的介入。否則，可能導致本契約的約束力遭到削弱甚至喪失。

和約解除一方欲解除和約，另一方不要悲痛欲絕，也不要歡天喜地，有句名言「不在乎天長地久，只在乎曾經擁有。」

甲方

乙方

年　月　日

附：本愛情契約起草人願天下有情人終成眷屬。

男女三十六計【女生無賴計】

第三十計：愛情反客為主

「反客爲主」的意思是在日常生活中，主人不去招待客人，反而受客人招待。用在愛情兵法上，就是男女之間本來不對等，趁支援某方的機會，把自己的力量安插進去，然後有計畫地逐步控制另一方，取得對等地位，甚至超越對方。

此計施用時機就是男友是大男人主義，標準的沙豬男人，這時就可以用此反客爲主之計，讓他改變觀念，甚至投降於妳。

循序漸進是實行此計的要訣。首先安於客位，隨時尋找時機；再來就是要乘虛而入，將自己勢力逐漸向男友滲透；最後，果斷行動，反客爲主、豬羊變色。

此計的涵義有以下幾種：

◇喧賓奪主

在自己處於男友控制、被支配的客位時，要在對方不備的情況下，先插一腳，待站穩後，逐漸取代男友地位。

◇轉攻爲守

當男友咄咄逼人，發脾氣時，女方不妨積極防守，虛以委蛇，然後利用有利時機，嬌嗲發作，轉守爲攻、蠶食鯨吞，最後勝利一定在我身上。

現代男人守則

女友打牌時要宵夜點心，隨傳隨到；不得有蹺班外出之行為。

白宮雪茄事件

活的時候要快樂，因為你會死很久。

蘇格蘭諺語

這是一個富裕單親家庭嬌嬌女，和美國總統的「愛情」故事。女主角是加州豪宅區比佛利山一幢價值二千萬港元西班牙式別墅內的小公主。女主角十五歲時，父母離婚，她開始在一個不完整的家庭中生活。和其他富貴家庭的千金一樣，她念的是一年學費等於普通人半年薪金的貴族中學。不過，她的高中生活不大快樂，因爲青春期的她很胖，經常哭。

女主角常在朋友面前提及這個遺腹子出身、靠苦學成材的總統，言談間不乏仰慕之意。女主角對成熟男士特別有好感，可能跟童年缺乏父愛有關，所以對比她大三十年的白宮主人有好感，並不奇怪。再說，白宮主人乃一國之尊，有好感者何止萬千，多一個女主角算得了什麼？

二十一歲的女主角進入白宮當一毛錢薪金也沒有的見習生，當她曾對人說：「我從未想過會和總統墜入愛河。這連我也感到驚訝。」那時，她認爲總統也對她有意。兩個人在一起，女主角不忘「那是從一個眼神接觸開始」。她對總統的印象是：「我感到二人之間眞的有某種化學物質，兩人早被對方所吸引。然後，他問我，能不能吻我？」一位情竇初開且對年長總統有充分興趣，另一位是花邊新聞不斷，且風流成性的美國大總統，在這些因緣巧合之下，轟動全球的「白宮夜未眠」就要開展了。

發展下來，依據女主角所述，簡直就是乾柴遇上烈火，二人的地下情從此發展開來。女主角說，二人常常擁抱，長時間手牽手，「有時，他替我拂去臉龐上的髮絲。」她喚他「帥哥」，他也叫她做「甜心」、「心肝寶貝」、「親愛的」。少女情懷總是詩，女主角巴不得這是一首天長地久的詩，要每天每夜都見到俏郎君，但總統國務繁忙，有幾次，女主角按捺不住，火氣上冒，和白宮主人吵了一架。

在某次的偷情中，白宮主人忽然問，有沒有把二人關係告訴別人。女主角說，知道的有母親、心理治療師和一些朋友。她立即保證「絕對不會告訴別人」。

然而，偷情事件東窗事發之後，當女主角一次又一次撒謊，以此來保護二人的堅貞愛情不渝的時候，白宮主人卻在公開記者會上，以「那個女人」來指稱女主角，絕口不提這個一度令他「感到年輕」的女孩的名字。女主角傷心透了，因爲她一直以爲二人的關係，眞的是「牢不可破」。

當獨立檢察官的調查報告公布後，迅速引起全球網友爭相閱覽。報告花了大量篇幅詳述美國總統白宮主人與前白宮見習助理女主角，如何從眉目傳情、袒裎相見，以至十次性接觸的經過，當中白宮主人甚至用雪茄插女主角下體，並將雪茄叼在口內直誇「美味」等情節，直教人幾疑如讀「色情書刊」，而非一部關係到美國總統可能因此下野的司法調查報告。

報告披露，女主角和以為會和她長相私守的白宮主人，在白宮橢圓形辦公室內相連的書房及走廊，共有十次性接觸，其中九次口交，一次性交。白宮主人在每次都小心克制，只會愛撫女主角和跟她接吻，但從未劍及履及的眞銷魂。而且每次她替白宮主人口交，他也沒有射精，只在第九次和第十次時「盡興」。只有在最後一次幽會中，兩人的性器官才眞正接觸，但亦屬點到即止。

在媒體的塑造下，白宮主人總統是遊戲人間但公私分明，平易近人有一點小缺點的「新好總統」．白宮主人雖在緋聞的衝擊之下，依然度過難關，總統寶座仍在，其民意調查還居高不下，但是也間接的影響副總統的選情，使的新任總統可以完成王子復仇計。

第一夫人是聰明能幹，愛家愛先生愛小孩，完美無缺識大體但有一點辛苦的「新好女強人」，她在緋聞案期間，全力支援白宮主人，但是當總統卸任後，跟白宮主人關係若隱若離，並且恢復娘家姓氏參選參議員而高票當選，走出其人生陰霾，開創另一條大道。

女主角是年輕大膽，無視道德禮教，也許有一點可憐的「新人類」。而在媒體大量曝光後，女主角成爲美國演藝圈的一份子，其名利雙收不在話下。

所以白宮主人這次緋聞案，誰是輸家呢？誰知道！

男女三十六計【女生無賴計】

第三十一計：愛情美人計

愛情「美人計」，是古往今來，最好用的計謀，不用解釋，幾乎每一個女人都自然會使用，而且用的非常漂亮。這個計謀連美國總統都會情不自禁，何況常人。

現代男人守則

女友口渴時要親侍冰水，消暑解熱；不得有望梅止渴之行為。

寬容與諒解

凡是能夠讓男人暢所欲言，不必擔心被批評的女人，必定是情場常勝軍。聰明的女性一旦與男人建立了男女關係之後，她們如何維持這種關係呢？第一步，她們懂得營造適當的氣氛，使男人承擔內心的需要。

不論嘴上承不承認，男人多半都需要女人，也樂於接受女人的眷顧，因此聰明的女人要先張開這張情網，然後學會如何保持維繫感情所必須的「牽引力量」。

男女交往，開始時男方儘管也渴望有一位知心的伴侶，可是態度上卻可能相當退縮。因爲今天男人的壓力相當大，他們也希望有個人能夠傾訴心聲，但是這個人必須是他們能信任，而且不會增加他們的負擔。

可是身處壓力之下的男人，言語往往枯燥乏味，一再重複，他們也害怕自己會顯得牢騷滿腹，所以如果有一位女性願意洗耳恭聽，而且抱著寬容的態度，她的魅力簡直令人難以抗拒。凡是能夠讓男人暢所欲言，不必擔心被批評的女人，必定是情場常勝軍。

有些女人不喜歡需要發洩胸中塊壘的男人，她們深怕這種男人太軟弱，無法依靠。其實在交往之初這一點不必顧慮，因爲以後有足夠的時間讓你去發掘他的優點與弱點。反而對那些不夠坦白的男人，要提高警覺，因爲他顯然不信任別人。

聰明的女性跟男人在一起的時候，要能聽出他言語中的弦外之音。常常一句不經意的話，或對工作發幾句怨言，可能就是男人在訴說心中深感苦惱的心事。凡是工作事業或金錢上發生問題，不論對男人女人而言，都非同小可，因此只要一個男人覺得一位異性能瞭解他，幫助他，他會感覺多麼幸福，而且也不大可能三心二意，另求慰藉了。

不論你是從哪些小地方察言觀色，瞭解對方的弱點或隱憂，男人對女人的敏感細心和寬宏大量總是感激不盡。人人都希望在各種場合輕鬆自在，所以能相互體貼對方，尤其在細微之處，最是難能可貴。

謹記，諒解可以挽回感情上的損失。

男女三十六計【女生無賴計】

第三十二計：愛情空城計

愛情「空城計」屬於一種心理戰術，最好應用於男生對付女生的時機，主要是利用女人多疑的心理弱點，當男人作錯事時，可以擺出，滿臉無所謂，一臉正氣，讓女人放心，而當男人想要對女人表功時，卻要擺出一副作錯事，不可原諒的表情，使女人產生疑慮，反而自動追查，進而發現男人對她的好，則自然傾心，不用多費金錢鮮花，就贏得佳人芳心。

愛情「空城計」的核心就是虛虛實實、示之無形，他透過虛實的變化，造成女

（男）人的錯覺，讓對方不辨虛實，不知眞相，以達出奇制勝的目的。

本計涵義有：

◇虛而虛之

本來是空虛的，更顯示出更加空虛的樣子。這種誇大的做法和公開的態度，往往使對方「疑中生疑」，做出相反的判斷。

◇實而虛之

本來是充實的，卻故意裝作空虛，引誘對方長驅直入，然後突然展現實力於其面前，讓其驚訝不已！

現代男人守則

女友哀傷時要椎心泣血，心同感受；不得有面露微笑之行為。

黃昏戀VS.高射砲

根據臺北醫學院性福門診主治謝醫師指出，只要女性沒有到達更年期，女大男小的伴侶在性生活會很融合，二十到三十歲的男性處於體能巔峰，能量全開，三十到四十歲女人對性的感受豐富，雙方都能享受魚水之歡，對性生活的滿意度會超過傳統男大於女的組合。

根據中國傳統傳說，成熟女人若跟稚嫩男人陰陽交合，性生活如魚得水而且可以養顏美容；對於這種採陽補陰的論調，毋寧說是陰陽協調，女大男小的搭配，女人會更注意外表打扮，男人會更注重內在技巧，再加上性生活滿意，調節荷爾蒙分泌，男女都會年輕亮麗。

不過，床第之樂，並不代表日常生活默契良好，女性會和小男人在一起，絕大多數是個性成熟、經濟獨立、生活自理；相對地，男性卻顯得孩子氣，容易倚賴女性，隨著年齡增長，而且當女伴芳華逝去，男性正值魅力中年，很有可能「向外發展」，閨房起勃溪。

姊弟戀、老少配，需要雙方互相協調，付出心思經營感情，未來如果女方進入更年期，男方應加以體諒並尋求更年期的治療方法，才有助於兩人世界長長久久。詩人楚戈先生已高齡七十，他和「小女友」之間的韻事尤爲各方所津津樂道，傳爲佳話。眾人祝福不斷，打趣聲中隱隱約約還讓人嗅出點「有爲者亦若是」的羨慕味道。

談戀愛是私事，但是因「婚配條件說」及社會上的性別觀、階級觀、價值觀，讓男女之間的待遇相差甚遠，男女老少配很少人會批評男的老不修，反而是投以羨慕的眼光，而姊弟戀甚至是母子戀，社會是以父權的眼光加上泛道德去批判。

一個離過婚的男人，找一個年輕沒婚姻紀錄的女人結婚，好像蠻正常的；但一個離過婚的女人，如果找了一個年輕男子結婚，大家就會開始使用異樣眼光看待她。社會就是這樣地不公平吧！男人不管幾歲，只要是在沒婚姻的狀態下，他可以娶任何年紀的女人；如果他今年七十歲，他的條件對象可以是十八歲到七十歲的女人，例如，台灣有名李姓作家可以與她相差三十幾歲的老婆結婚；但女人就不同了，一個七十歲的女人，條件對象絕不可能是十八歲到七十歲。因當她開出如此的條件時，有時要面對的不是自己，而是社會的異樣眼光。

男人可以在事業有成之時，不管年紀多大，尋找一個年輕的伴侶。而事業有成的女子，尋找一個年輕的伴侶時，八卦眞比祝福來的多，以女人來說，當抵達了職場的高階，或是年齡和閱歷的成熟點，是不是發覺身邊的男人，只剩下和你爭權奪位的、已婚者、以及那些你看不上眼的？如果這時出現了一位比你年輕的男人，他竟然讓你重拾荒棄已久的快樂，而你又有了那種臉紅心跳、興奮期待的戀愛感覺，整個人像是又活過來了一遍，天哪！該不該壓抑自己硬生生地拒絕呢？伊麗莎白泰勒和瑪丹娜：她們結過幾次婚，搞不清楚，卻知道她跟比她年輕的男子結過婚或進行戀愛中，似乎在西方世界，這樣的事情比較能被接受。

男女三十六計【女生無賴計】

第三十三計：愛情反間計

愛情「反間計」的實質是巧妙地利用對方的心腹反過來爲己方服務。此計爲男女結婚後的圭臬法則。

爲何？男女結婚以後，或是男女交往有相當的程度，則需要對方的支持，但是雙方的家庭成員，卻是結婚男女最畏懼的一批人，女的怕公公婆婆、男的怕岳父岳母，若妥爲運用此計，不僅可消弭此窘迫情況，更可以讓對方家庭放心，進而與你交心，反而不會有敵意，只有情意。

愛情「反間計」要反誰呢？首要對象即是小姑或小姨子，此乃直通岳母或是婆婆的重要人物，如可以收其心，則其家庭地位及權威，就扶搖而上天廳。其他的對象則包含連襟、內弟、小叔、弟妹、妯娌……等，利用時機以不同的恩惠加以收買，使他們視你爲己出，成爲一家人，這樣漸漸的，融入整個大環境，不僅愛情順遂、家庭和樂，甚至可以居領導地位，成爲家族地下領袖。

現代男人守則

女友受傷時要緊急送醫，感同身受；不得有責備切怪之行為。

姐弟戀的幸福七原則

俗話說「娶某大姐，坐金交椅」，但大眾對於姐弟戀的發生，仍會投以異樣眼光來看待。雖然女大男小的婚配自古即有，但仍屬少數，事實上，社會的主流價值一直強調女小男大的組合。「女小男大」在某程度上反映出社會對兩性關係的看法，也就是男性在兩性與婚姻關係中應扮演強勢或支配的一方，而女性應成為弱勢與從屬的角色，所以一旦主流的「女小男大」被逆轉成「女大男小」，破壞了人們習以為常的傳統兩性關係「刻板印象」，許多人便覺得不舒服，因為這種情形顯然與他或她們的性別意識抵觸。

現代社會多數人其實並不那麼在意「姊弟戀」，而是在意雙方年齡差距過大，已經不屬於「姊弟」的差距，而是「母子」的差距甚或過之。人們對後者投以異樣眼光，是因為人們多認為雙方年齡差距過大，可能導致彼此的經驗，想法，觀念等出現較大分歧，因而對感情的維繫可能有所阻礙，所以多不看好這種關係。所以姊弟戀在大中華社會中已漸漸被接受，而且更在媒體報導下的推波助瀾之下，成爲銳不可當的社會新趨勢。

當前女人如果眞的跟小男人感覺快樂，如要避免愛情戰爭發生，應要有防備的方法，才能去享用這「老少配、姊弟戀」！筆者提供以下七個原則，提供女人免於陷入陰溝裡翻船的懊喪之中。

◇劃清財務界線

姊弟戀並不是在養小白臉，不需要女性自己負擔所有的開銷！也許男人沒錢，但還是要各付各的！不要因爲想提攜他進入自己的高級社交圈，就買一堆名牌行頭打扮他，還帶他去見識高消費場所來提昇他的品味和視野。

牛就是牛，如果嫌棄他的衣著，就去找一個比較看得慣的對象，因爲他不是你弟弟，不會無奈地任你擺布。如果他接近妳的生活圈子，很有興趣嚐試進入，那應該鼓勵他去多賺些錢，在他不知如何挑選好產品時，你可以給他一些意見，但是千萬別幫他買單；如果讓他習慣了不勞而獲，他會覺得理所當然，需索無度，對情感就會變質。如果讓他過著自己根本沒有能力支付的消費生活，人格很快也會受到考驗；至於借錢？就直說不吧！如果他對此不滿意，你也就知道該全身而退了！

◇保持年輕自信

運動、保養、靈修、健康食品，什麼方法都可以！就是要想辦法保持自己身體和心態的年輕，維持在最佳狀況，再加上你的工作成就，這就行了！你已經散發出充滿自信的成熟美，如此一來，你就不必緊張兮兮地去嫉妒那些年輕小妞，也就不會像那些沒安全感緊迫盯人的笨女生了。

要記住的是：你可不是爲了他而拼命扮年輕，完全是爲了提昇自己的競爭力，讓自己無懈可擊！因此不論妳和他的發展如何，都不能間斷對自己的鞭策。將他當作妳進步的愉悅助力吧！相信他也會感染妳的快樂。

◇伸張戀愛權益

如果他犯了男朋友不該犯的錯，就鬧吧！不能因爲你是老大姊，就活該懂事地容忍，否則寵壞了他，他會失去分寸的。只要是一般女朋友該有的權益，你也都該擁有，否則談一個凡事隱忍的戀愛，何苦呢？又不是童養媳「某大姊」！有時能跟男朋友鬧一鬧，也算是一種甜蜜，這是妳年輕的時候就知道的。

說不定你適度地表現，會讓他覺得自己魅力十足，竟讓你變回個小女生！蠻可愛的呢！當然如果你稍表不滿，他就覺得你不體貼，他還不如去找那些小女生，那就是他在心中將你視爲次等公民，對你採用不公平的標準。以你的條件，需要如此委曲求全嗎？不懂得偶爾寵寵女人的男人，都不叫好男人，無論他是幾歲。

◇避免共同創業

妳的經驗、談判技巧、圓熟社交手段、決策判斷及種種優勢，都會成爲他的壓力，也會讓妳對他處處看不慣，可是又不能如同上司般地指導他。這樣的相處，摩擦機會很大，即使事業成功了，他也沒有成就感。爲免出現互相指責的場面，還是別共事吧！即使是他工作上出現困擾，也別去干涉他，讓他自己去成長，別養成他的依賴。

◇彼此尊重

不要像姊姊一樣，看不慣他結交的那些E世代朋友，畢竟那是他的生活圈，別去勉強改變。你的生活圈，也不要強迫他進入，每個人都該保留自己的一些朋友，如果有機會，可以很坦然地讓彼此的朋友交流，但是並不一定要把所有朋友都變成共同朋友。

留一些空間給彼此，容許對方有一些自己不熟悉的朋友，學習互相尊重，才是談戀愛甚至做人的基本原則。

◇享受性生活

其實女長男幼才是最佳的性生活組合。因爲女性啓發得慢，而男性衰退得早，通常二十出頭正是男性生理的顚峰，女性則要到三十幾歲才能眞正領略魚水之歡。總之，別太擔心你的身體會搭配不上，盡量放鬆去享受，別忌諱配合他的一些新點子，別把自己想像得太老古板。

當然如果妳能運用妳的智慧，去發揮妳的經驗心得，將可以讓他感受到妳的高超技巧。相信他在你身上所嘗到的快樂，將是那些年輕女孩所不能望其項背的！

◇讓家長放心

最反對你們老少配的，可能正是他的父母親。天下父母心，都希望兒女能過著符合社會期望的正規生活，而老少配並非目前社會的主流體統。他們也會擔心生育問題，擔心兒子不能抬起頭成爲一家之主，擔心兒子太單純會被人欺負。也許他們只是見到你時嚇了一跳，因爲和他們的想像有落差。這可能需要一點時間來讓彼此適應，但最重要的是要坦誠地和對方父母溝通，讓他們放心兒子的處境。

你並不需要特意去討好巴結他的父母，但是要表現出你的成熟和善意。相對地，不可忽略的是你自己的父母，他們也可能有偏激反應，但父母的反應都出自於擔心，只要能照顧好自己，讓父母放心，相信可以化解所有莫須有的阻力。

男女三十六計【女生無賴計】

第三十四計：愛情苦肉計

愛情「苦肉計」是一種特殊做法的計謀。常常是處於取得對方的信任，但是此種計謀為下策，因為必須自我傷害，可能是心理甚至生理的傷害。

愛情「苦肉計」適用於非常時期，避免使用，如非要用，一用即中，否則後果不堪設想。

而此計的涵義有：

◇騙取信任

「惻隱之心，人皆有之」，如果把自己傷害的非常痛苦和可憐，就會博的對方的同情，取得對方的信任。

◇離間對方

用自我傷害的方式，讓對方深愛不已，來達成離間對方與另一人的感情。

現代男人守則

女友敷臉時要提供方法，親嚐面膜；不得有哈哈大笑之行為。

跳脫習慣的自我解圍

自古以來男女有別，雖然中國社會父權思想濃厚彷彿男人至上，但是因小女子思想所以在許多方面卻有不同的解讀，譬如：「男女相遇，女人望著男人，謂之含情脈脈；男人望著女人，是色瞇瞇。」

這些就是中國人的習慣性思維，一般人，總會以自己的習慣領域去觀察周遭事物、以過去經驗爲判斷反應，對超出我們自己習慣領域之外的事，便視爲「神經病」，卻不知自己習慣領域已僵化。如能夠跳脫出這種習慣性的想法，想出解決問題的方法，當愛情恐怖份子來襲時，就能迅速跳脫以往經驗，以創造性思維提供最佳的解決方法。

由此可知習慣領域是存在的，而且，隨時隨地與我們同在，我們平常可能不知不覺就成爲它的奴隸，然而，當我們能夠警覺時，就可以做它的主人。愛情環境是動態的，我們的思考模式與行動也要能隨機而變，不能故步自封、墨守成規。

一家大公司的董事長即將退休，他想找一位能突破現狀的經營者，各方的推薦不斷，在各項條件的甄選中，最後只有兩位接班人（陳變與王執）。因爲兩位候選人都善於騎馬，一天，老董事長約他們到自己的牧場。

當陳變和王執來到牧場時，老董事長領著兩匹馬走出來說：「我知道你們都善於騎術，這裡有兩匹好馬，我要你們比賽一下，勝利者，將成爲我的接班人。」

兩位接班人正在打量著自己和對方的馬匹，王執心想：「比賽馬，太棒了！正是我熟練的事情，董事長的位子如探囊取物。」心中沾沾自喜。此時，董事長宣布比賽規則：「我要你們從這裡騎馬跑到農場那一邊，再跑回來。誰的馬『慢』到，誰就是下一屆的董事長！」王執從美夢中乍醒，臉帶疑惑；陳變一付不知如何是好，錯愕的表情。兩人正在懷疑自己的耳朵有沒有聽錯：「賽馬比快的，那有比慢的呢？」董事長看出他們的不解，再次強調說：「這次比賽，是比『慢』，不是比『快』的。」

隨著董事長的指令「預備，一、二、三，開始」槍聲響起後，陳變和王執仍站在原地，不知該怎麼做。

過好一會兒，陳變突然靈機一動，跳出以前習慣的束縛，迅速騎上王執的馬，然後快馬加鞭，向著另一邊騁馳，把自己的馬留在後面。王執看著陳變的舉動，正奇怪：「陳變怎麼騎了我的馬？」當王執想通怎麼回事時，已經太慢了，他的馬已被陳變騎回到終點了，王執輸了。

當陳變從王執的馬背下來，董事長向前致賀陳變：「恭喜！恭喜！你能以創新的思維，有效解決問題，請你接任我們下任董事長。」

一般人，總會以自己的習慣領域去觀察周遭事物、以過去經驗為判斷反應，對超出我們自己習慣領域之外的事，視為「神經病」，卻不知自己習慣領域已僵化。候選人陳變能跳脫出這種習慣性的想法，想出解決問題的方法，因而成為董事長。

在愛情世界中、男女感情培養、愛情經營，經過一段時間，會慢慢穩定下來，習於安穩的現狀，忽略外環境的改變。等到發現愛情危機、恐怖因素來襲時，要奮力改變，常會有時不我予之憾。所以不拘束於過去，以開放的心胸，定期審察愛情內外環境的變化，適時摒棄不合時宜的作法，積極採取對應的行動，才能在變中求新，變中求得勝。

在印度或在馬戲團，經常可以看到，一隻巨大的大象，被細細的繩子，綁在小小的柱子上，它就乖乖站著。「大象爲什麼不跑呢？」以它巨大身軀，壯碩的大樹都可以被它連根拔起，爲何束縛於區區的小柱子？原來訓獸師在象小的時候，用一條鐵鍊，將它鍊在水泥柱上或是鋼鐵柱上，任憑小象如何掙扎也跑不掉。經過一、二個月後，小象就養成了習慣，每當小象看到鐵鍊和柱子的時候，就覺得不可能掙脫，結果就不跑了。習慣是一種無形的力量，把我們牢牢地控制在一個固定的思維模式。

讓我們仔細想想在我們腦海中有沒有像水泥柱和鐵鍊那樣的習慣，把我們捆綁住了，讓我們無法擺脫，也無法發揮力量？根據腦科學家的觀察，人們的大腦有千億個腦細胞，但只有百分之十在眞正活潑地工作。「人們用不到他天賦潛能的十分之一」，「爲什麼我們的潛能無法充份有效的開發出來呢？」一個很大的原因是我們自小從學習中累積經驗的同時，卻不知不覺地養成了習慣。我們的想法、做法、判斷無形中被習慣束縛住，因此潛能的開發受到了抑制。我們的記憶、觀念、想法、思考模式和行爲模式的綜合，雖是動態的，但經過一段時間以後，會漸漸地穩定下來，而停在一個固定的範圍內。我們稱之爲「習慣固執」習慣成自然。一切的看法、想法、做法都成了習慣，我們就懶得去想新方法，新的思考，無形中成了習慣的奴隸而不自知。

戀愛啊！戀愛

揚棄習慣與比較心

「最熟悉的事物，也有不熟悉的地方：家中的抽屜裡，也有你從未見過的東西」。泛指你我思考都是一直再重複以前的經驗，對新的事物、新的挑戰，都欠缺挑戰的勇氣，而固定的生活模式、想法、判斷、反應等等則成為填塞了我們的生活，構建出自己的小天地也就是習慣領域。

「習慣」是中國人的經驗法則，以前我們怎麼做，未來就要怎麼做，連子女就要怎麼做，但是因時間、空間、地點已經起了絕對的變化，但是「習慣」卻是原地踏步的東西，所以以「習慣」教育子女的父母，以「習慣」交往朋友，以「習慣」對待女（男）朋友突然發現，為什麼我講的話，「他」「她」都不聽，為什麼我做的事，「他」「她」都不學，連我愛看的電視劇，都跟「他」「她」不一樣，竟然連總統選的都是不一樣，是不是有代溝？隔閡？

跟著「習慣」的經驗法則孕育而出的則是「比較心」，事事皆要與他人比較、計較，而子女、女（男）朋友，就成為了滿足自我「比較心」的直接工具，功課、成績要比鄰居的王小妹強，體育、鋼琴要比樓上的陳小弟強，女朋友要比朋友的漂亮、男朋友要比別人的體貼，現代人已經成為「比較」的奴隸了。

禪宗的「不二法門」從北魏、隋、唐朝至今也將近一千多年了，但是「差別心」、「比較心」、「是非心」、「不二心」卻在這一切以「股票近利」、「短視暴利」的社會風氣下盪然無存，大家沉溺於以前的思考模式，卻在這快速變遷的社會中相互比較。

「不要用自己有限的經驗，去判斷別人無限的未來」，先讓自己跟上這千禧年的節奏，才能跟另一半合奏出一首美妙的成功交響曲，揮別「比較心」當自己的主人，要比是跟自己比，降低你我的無謂壓力轉換出自己的無限潛能吧！

男女三十六計【女生無賴計】

第三十五計：愛情連環計

「連環計」是指多計並用，計計相連，一計累敵，一計攻敵，這樣任何強敵，都會攻無不破。

愛情連環計，則統一運用本書愛情計謀，一個接著一個，讓所要追求的目標，目不暇給、應接不暇，而達成愛情勝利的目的，也是本書的最大宗旨。

走出自己看自己

如何反觀你自己的生活；如何充實你內在的自我；如何內在包攝外在世界；如何與宇宙本體合為一。

白陽老人

大部分人注重身體的健康，也就是生理的開發，每天慢跑、打太極拳，身體練的跟牛一樣，但很多人卻忽略了心靈的健康．心靈是正式啓動愛情大門的靈丹妙藥，開發心靈的世界，正是開發戀愛的法門，從何下手呢？應該從自己開始，而自己的問題應該從哲學下手。

「你望著白雲的變換，你的心便在白雲裡」，換句話說「你看著連續劇，你的心便投射在你想投射的主角中」，心與感官所得的直接經驗（看、聽、觸覺、第六感）是不會分離的。不管你想或不想，那個直接經驗已經隨著感官器官紀錄在心靈之中，靜待心靈來取用之。

如草叢中的桂花香，桂花香本身是存在的，但是未經過體驗，心靈是不會把它紀錄在內心深處中，不管是「體驗」、「連結」、還是「交融」都是心（心靈）與物（桂花）兩端的意義展現，而其實就是「感覺」。你對戀人的感覺也正是如此，也是透過心與物的結合而展現出完美的戀人。

心靈力量的無限，更可以從邏輯中的「演繹」、「歸納」來推論出。

「演繹」：我是人，人需要被愛，所以我要愛人；我是人，人要吃飯，所以我要吃飯。這裡面的我、人、愛（吃飯）是三個概念的組合，但是卻是可以繼承演繹的。

失戀也是如此，為何失戀？為何心中難過？這都可以透過「演繹」法將之釐清，判明該走的路為何呢，也就是主動從心中排除失戀的層層枷鎖。

「演繹」法是以經驗為基礎，經反覆思考後，推演出另一件新事物。更上層樓的方法則是辯證邏輯，經過正、反思辯揚棄後，而得出新（合）的邏輯。瓦特看見蒸氣衝出壺蓋，推演出更大的蒸氣，可以推動更大的機器，這就是演繹。但是演繹的基礎則來自「歸納」。

而在樹林中「看見宿鳥歸林，知道暮色將要蒼然來臨」，這是歸納。看見宿鳥歸林絕對不是只有一次，而是無數次，在無數次觀察中，每次都是在傍晚，所以當看到「宿鳥歸林」就可以立即判斷「暮色來臨」。「歸納」是紀錄事物進入心靈的過程。

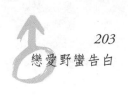

但是「演繹」及「歸納」是無法完全詮釋心靈開發，最多只能讓你走出自己，以科學態度來看世界，但還是無法融入自然之中，如「問君能有幾多愁，恰似一江春水向東流」，這種與自然合而爲一，來看待自己的情緒，萬物與你合而爲一，自然萬物與你情緒同起伏爲一體，但又有可以獨立於外，看出萬物的悲喜。並不是簡單的用「演繹」及「歸納」來包含的。

這境界是需要「想像」來組織，當「演繹」及「歸納」已收放自如，就需要對內開發想像能力，如何開發想像能力呢？我想應該是以知識及經驗作爲基礎，以一顆無雜念的心，就是專心，而向外擴大，正如七色、五音的簡單組合，卻可以替藝術家創造出永垂不朽的樂章及畫作。但是想像力的誘發，卻是以組合再組合的邏輯演繹而已。

走出自己看自己，是心靈開發的過程也是目的，更爲維繫戀愛中男女的自然力量，不管用什麼方法、手段，其實「自然」是它的唯一法門，以純淨的心、專一的心來演繹、歸納，來組合感受，走出自我的理所當然，用客觀的方法來看自己，充實知識、累積經驗，最後以自然想像力來綜觀全部，心靈開發就在不知不覺中慢慢滋長了。心靈有了力量，任何形式的困難，都可以面對及理解，相對於處理野蠻的戀愛過程，更如反掌之易，樂在其中而不自知。

男女三十六計【女生無賴計】

第三十六計：愛情走為上計

愛情「走爲上計」，是指男女之間交往，已經到了無可挽回的地步，唯一的解決方法就是分手。

「分手」卻是愛情三十六計中，最不受歡迎的，但是卻是最管用的，因爲人們大部分看不開，沉溺於眼前的感情，無法洞悉當前愛情世界的眞相，所以一陷再陷，沉淪到底，三十五計一用再用，就是無法挽回對方的心意，這時唯有走出自己看自己，做自己的主人，凝聚自己的心靈力量，鍛鍊自己的愛情心智，唯有自己方能救贖自己墮落的心靈。

所以愛情「走爲上計」就有此涵義：知難而退、以退爲進、急流勇退，都是在了解自己的愛情處境之後，做出最佳的選擇及判斷，有人說最差的選擇，但我認爲這是此計中最佳的判斷。

「天下大勢分者必合、合者必分」，這是跌撲不滅的辨證定律，而男女之間就是個小天下，其關係也是如此，從相識到婚嫁；從新婚到白頭，這其中充滿了多的波折及分分合合。有人在愛情戰爭的焠鍊下犧牲成了烈士，但更有許多人在愛情的戰役中一舉成名，成爲了愛情英雄。

對待男女之間的情感，就如媽媽對待子女一般，心無分別，就如太陽一樣，普照萬物，不分大小，以平等心來愛待愛情的緣起緣滅。對待情感要無私的奉獻，就如三個和尚的故事一樣，不要去分挑水、扛水的區別，最後只會落得在感情的世界中沒有水喝，歡喜做、歡喜受，那麼本文所述的愛情恐怖份子必會離你而去，必然讓你成爲愛情戰場上的常勝軍。

廣　告　回　信
臺灣北區郵政管理局登記證
北 台 字 第 8719 號
免　貼　郵　票

106-□□
台北市新生南路3段88號5樓之6

揚智文化事業股份有限公司　收

□□□-□□
地址：　市縣　鄉鎮市區　路街　段　巷　弄　號　樓
姓名：

葉子
Leaves Publishing

書號 L3001　　書名 戀愛野蠻告白

葉子出版股份有限公司

讀·者·回·函

感謝您購買本公司出版的書籍。
爲了更接近讀者的想法，出版您想閱讀的書籍，在此需要勞駕您詳細爲我們填寫回函，您的一份心力，將使我們更加努力！！

1. 姓名：______________
2. E-mail：______________
3. 性別：□ 男 □ 女
4. 生日：西元_____年_____月_____日
5. 教育程度：□ 高中及以下 □ 專科及大學 □ 研究所及以上
6. 職業別：□ 學生 □ 服務業 □ 軍警公教 □ 資訊及傳播業 □ 金融業
   □ 製造業 □ 家庭主婦 □ 其他_____
7. 購書方式：□ 書店 □ 量販店 □ 網路 □ 郵購 □書展 □ 其他_____
8. 購買原因：□ 對書籍感興趣 □ 生活或工作需要 □ 其他_____
9. 如何得知此出版訊息：□ 媒體_____ □ 書訊 □ 逛書店 □ 其他_____
10. 書籍編排：□ 專業水準 □ 賞心悅目 □ 設計普通 □ 有待加強
11. 書籍封面：□ 非常出色 □ 平凡普通 □ 毫不起眼
12. 您的意見：____

____
13. 您希望本公司出版何種書籍：________________________________

☆填寫完畢後，可直接寄回（免貼郵票）。
我們將不定期寄發新書資訊，並優先通知您
其他優惠活動，再次感謝您！！

葉子
Leaves Publishing

根
以讀者爲其根本
莖
用生活來做支撐
葉
引發思考或功用
果
獲取效益或趣味